cocina rápida y fácil

postres

Estilo SUSIE SMITH, ANNA PHILLIPS
Fotografía ASHLEY MACKEVICIUS

Introducción

Gratifíquese con chocolate, refrésquese con helado casero, termine una comida perfecta con un postre perfecto. Ya sea para una reunión familiar, un cumpleaños especial, una ocasión festiva, una cena que exige un broche o simplemente un deseo de algo dulce, éste es el libro para usted.

Está repleto de postres lujuriosos para combinar con cualquier comida.

Busque las recetas paso por paso que muestran cuán fácil es hacer postres espectaculares y consulte las notas y tips con variantes, indicaciones para adelantar trabajo e información sobre almacenamiento.

Publicado por:
Editorial Cordillera con arreglo
con TRIDENT PRESS INTERNATIONAL
801 12th Avenue South, Suite 400
Naples, Fl 34102 USA
Tel: + 1 239 649 7077
Fax: + 1 239 649 5832
Email: tridentpress@worldnet.att.net
Sitio web: www.trident-international.com

Postres
© Trident Press International, 2004

© 2003 MDS BOOKS / MEDIASAT
para esta edición.

GRUPO MEDIASAT
M.E.D.I.A.S.A.T. México, S.A. de C.V. (México)
Luz de Savión 13. Dcho 1004
Colonia del Valle - 03100 Mexico DF (México)
Tel.: 56872007 Fax.: 55369531
www.mediasatgroup.com

Incluye índice
ISBN 1582794324
EAN 9 781582 794327
UPC 6 15269 94324 3

Edición impresa en 2004

Impreso en Perú por Quebecor World

ACERCA DE ESTE LIBRO

INGREDIENTES

Salvo que se especifique lo contrario, en este libro se usan los siguientes ingredientes:

Crema — doble, apta para batir
Harina — blanca o común
Azúcar — blanca

ALIMENTOS EN LATA

El tamaño de las latas varía según los países y las marcas. Puede ocurrir que las cantidades citadas en este libro difieran ligeramente de las de aquellas que usted consiga. Compre y use latas del tamaño más cercano al que se sugiere en la receta.

MICROONDAS

Siempre que en el libro haya instrucciones para microondas, se consideró una potencia de salida de 840 watts (IEC705 - 1988) o 750 watts (AS2895 - 1986). La potencia de salida de la mayoría de los hornos de microondas domésticos varía entre 600 y 900 watts o 500 y 800 watts, de modo que puede ser necesario corregir ligeramente los tiempos de cocción según la potencia de su microondas.

¿CUÁNTO MIDE UNA CUCHARADA?

Las recetas de este libro fueron probadas con cucharas de 20 ml. Todas las medidas son al ras. En países donde son más comunes las cucharas de 15 ml, la diferencia será irrelevante en la mayoría de las recetas. En las que llevan polvo para hornear, gelatina, bicarbonato de sodio o pequeñas cantidades de harina o almidón de maíz, conviene añadir una cucharadita a cada una de las cucharadas que se indiquen.

Contenido

Postres fríos

Un postre helado y refrescante es el final perfecto de un día veraniego. Si quiere un postre tradicional, pero con un toque diferente, pruebe el pastel de queso, naranja y limón. O, si se trata de una ocasión más importante, prepare una sopa de mango y coco con sorbete de limón.

PASTEL DE QUESO, NARANJA Y LIMÓN

Temperatura de horno
180°C, 350°F, Gas 4

Cuando no consiga fácilmente limón verde y ácido, emplee en su lugar ralladura y jugo de limón real y tendrá un pastel igualmente delicioso.

155 gramos de galletas "Marías", machacadas
90 gramos de mantequilla derretida
coco rallado y tostado

RELLENO DE NARANJA Y LIMÓN

185 gramos de queso crema
3 cucharadas de azúcar morena
1 ½ cucharadita de ralladura
de cáscara de naranja
1 ½ cucharadita de ralladura
de cáscara de limón
3 cucharaditas de jugo de limón
3 cucharaditas de jugo de naranja
1 huevo ligeramente batido
½ taza (125 mililitros) de leche
condensada azucarada
2 cucharadas de crema espesa, batida

1   Revuelva la mantequilla con la galleta molida y forre con esta mezcla un molde redondo, engrasado, de 23 centímetros de diámetro (preferiblemente desmontable). Hornee 5-8 minutos; saque y deje enfriar.

2   Relleno: Ponga en un tazón el queso crema, el azúcar, los jugos y las ralladuras de limón y naranja, y bata todo hasta acremarlo. Añada el huevo y bata; luego vierta la leche condensada y la crema y bata ½ minuto más.

3   Rellene la costra y hornee 25-30 minutos o hasta que el relleno esté firme. Apague el horno, entreabra la puerta y deje enfriar dentro el pastel. Refrigérelo antes de servirlo, adornado con coco tostado.

8 porciones

Pastel de queso, naranja y limón

TIMBALES DE NECTARINA
CON NARANJA

$^1/_3$ de taza (80 mililitros) de agua
6 nectarinas (o 12 chabacanos) lavadas
y deshuesadas
$^1/_2$ taza (125 gramos) de azúcar
$^1/_3$ de taza (80 mililitros) de jugo de naranja
8 cucharaditas de gelatina en polvo
1 taza (250 mililitros) de crema espesa, batida
1 cucharada de Cointreau (licor de naranja)

SALSA DE NARANJA

1 taza (250 mililitros) de jugo de naranja
la cáscara de $^1/_2$ naranja, cortada
en tiritas finas
1 cucharada de azúcar
2 cucharadas de Cointreau (licor de naranja)
2 cucharaditas de arrurruz o fécula de maíz,
disuelta en 4 cucharaditas de agua

1   Ponga al fuego en un cazo el agua,
las mitades de nectarina, el azúcar y el jugo
de naranja. En cuanto empiece a hervir, baje
la flama y cocine 4-5 minutos o hasta que la
fruta se ablande. Sáquela con una espumadera
y déjela aparte. Rocíe la gelatina en el líquido
caliente del cazo y revuelva hasta disolverla.

2   Licue la nectarina (con todo y piel) y el
líquido con la gelatina disuelta. Luego cuele
la mezcla para quitarle la piel de la fruta.
Ponga la crema en un tazón grande y revuelva
el puré de fruta con el Cointreau. Engrase
6 moldecitos para timbal y viértales la
mezcla de fruta, crema y Cointreau; tápelos
y refrigere hasta que cuajen.

3   Salsa: ponga en un cacito el jugo
y la ralladura de naranja con el azúcar,
el Cointreau y el arrurruz o la fécula disuelta.
Cocine a fuego bajo hasta que la mezcla
hierva y espese. Retire y deje enfriar.
Desmolde los timbales y sírvalos con la salsa.

6 porciones

Este postre, para hacer
agua la boca,
es igualmente sabroso
si lo hace con chabacanos
(la nectarina es una
especie de durazno).
Si no dispone de moldes
para timbal, emplee
tazones con capacidad
de 1 taza (250 mililitros).

TERRINA DE FRUTAS

1 durazno pelado, deshuesado y en rebanadas
3 ciruelas amarillas, peladas,
deshuesadas y en rebanadas

CAPA DE MANGO

$^1/_2$ taza (250 gramos) de puré de mango
2-3 cucharadas de azúcar
2 cucharadas de Cointreau (licor de naranja)
4 cucharaditas de gelatina en polvo, disuelta
en $^1/_3$ de taza (80 mililitros) de agua
caliente y luego enfriada
$^3/_4$ de taza (180 mililitros) de crema batida

CAPA DE MELÓN O MARACUYÁ

$^1/_2$ taza (125 gramos) de pulpa
de melón o maracuyá (pasionaria)
2 cucharadas de jugo de naranja
2 cucharadas de azúcar
2 cucharadas de licor de melón (Midori)
4 cucharaditas de gelatina en polvo disueltas
en $^1/_2$ de taza (80 mililitros) de agua
caliente y luego enfriada
$^3/_4$ de taza (180 mililitros) de crema batida

1   Acomode las rebanadas de ciruelas en el fondo y lados de un molde rectangular, engrasado,
de 9 x 23 centímetros (para "brazo de gitano").

2   Capa de mango: En un tazón mezcle
el puré de mango, el azúcar y el Cointreau,
añada la gelatina disuelta y revuélvale
suavemente la crema batida. Vierta poco
a poco esta mezcla sobre la fruta en el molde
y refrigere hasta que cuaje.

3   Capa de melón o maracuyá: Combine
la pulpa de la fruta con el jugo de naranja,
el azúcar y el licor de melón. Añádale
la gelatina disuelta y luego la crema batida,
con movi mientos envolventes. Ponga una capa
de rebanadas de durazno sobre la gelatina
de mango; luego añada cuidadosamente
la mezcla de melón o maracuyá y refrigere hasta
que cuaje. Para servir, desmolde y corte
el postre en rebanadas.

10 porciones

Pase un cuchillo o espátula
alrededor de la terrina
para separarla del molde,
antes de desmoldar.

HELADO DE FRAMBUESAS Y CHOCOLATE

1 ¼ taza (310 gramos) de azúcar
½ taza (125 mililitros) de agua
6 yemas de huevo
1 cucharadita de extracto de vainilla
250 gramos de chocolate blanco, derretido
2 tazas (500 mililitros) de crema espesa, batida
500 gramos de frambuesas, limpias y picadas gruesamente

1   Ponga al fuego en un cacito el agua con el azúcar y revuelva constantemente hasta disolverla. Cuando hierva, baje la flama y cocine 5 minutos o hasta que el jarabe se reduzca a la mitad.

2   Bata las yemas a punto de listón; continúe batiéndolas mientras vierte poco a poco el jarabe en un chorro fino. Agregue luego la vainilla y el chocolate derretido, y bata hasta tener una mezcla espesa y enfriada.

3   Agregue, con movimientos envolventes, la crema batida y las frambuesas a la mezcla de chocolate. Póngala en un molde, tape y meta al congelador hasta que el helado esté firme.

8 porciones

Acompañe el helado con la fruta fresca que usted prefiera.

SOUFFLÉ DE ZABAGLIONE DOBLE

6 yemas de huevo
½ taza (125 gramos) de azúcar
1 taza (250 mililitros) de crema batida
4 cucharaditas de gelatina en polvo disueltas en ½ taza (60 mililitros) de agua caliente y puesta a enfriar
60 gramos de chocolate amargo, rallado
1 ½ cucharadas de licor de café
1 cucharadita de café instantáneo disuelto en 1 cucharadita de agua

1   Zabaglione: Ponga los huevos y el azúcar en un recipiente a baño María y a fuego bajo; cocínelos 5-10 minutos batiendo constantemente hasta que esponjen y espesen. Retire del fuego y póngalos sobre un tazón con hielo, mientras continúa batiéndolos hasta que enfríen.

2   Agregue poco a poco la crema batida y la gelatina disuelta a los huevos que acaba de batir. Divida la mezcla en 2 porciones; a una de ellas mézclele el chocolate y el licor de café, y a la otra póngale el café disuelto.

3   Ponga cucharadas alternadas de la porción con chocolate y la porción con café en 4 moldecitos individuales, a los que habrá colocado alrededor un "cuello" de papel aluminio de 3 centímetros de altura. Revuelva muy ligeramente con un palillo largo y refrigere hasta que cuaje.

4 porciones

Temperatura de horno
200°C, 400°F, Gas 6

Las galletitas crocantes dulces, como tuiles, son ideales para acompañar los soufflés.

REHILETES DE AVELLANA

5 claras y 5 yemas de huevo
³/₄ de taza (180 gramos) de azúcar
125 gramos de avellanas, tostadas y picadas
¹/₂ taza (30 gramos) de harina cernida
con ¹/₃ de cucharadita de polvo para hornear

RELLENO DE AVELLANA Y CHOCOLATE

¹/₂ taza (125 mililitros) de crema espesa, batida
155 gramos de crema de chocolate con avellana

1 Bata las yemas con el azúcar a punto de listón. Añádales la harina y las avellanas picadas.

2 Bata las claras a punto de turrón y mézclalas, con movimientos envolventes, con la mezcla de harina y avellana. Vierta esta pasta en una bandeja engrasada y forrada, de 26 x 42 centímetros, y hornee 20-25 minutos o hasta que esté cocida. Retire del horno y deje enfriar, cubriéndola con una servilleta ligeramente húmeda.

3 Voltee la pasta cocida sobre papel encerado rociado con azúcar; espárzale la crema de chocolate y avellana y enróllela, ayudándose con el papel y empezando por un lado corto. Refrigere hasta el momento de servir.

10 porciones

Temperatura de horno
180°C, 350°F, Gas 4

Si lo desea, sirva las rebanadas con más crema batida y adornadas con avellanas picadas. Este rollo también sabe delicioso si solamente se unta la crema de chocolate y avellana. Podrá rebanarlo mejor si lo hace antes de que se haya descongelado. Luego deje descongelar las rebanadas en los platos individuales, durante 20-30 minutos.

PASTEL DE CHOCOLATE TRIPLE

Temperatura de horno
180°C, 350°F, Gas 4

PASTEL DE MANTEQUILLA

125 gramos de mantequilla
1 cucharadita de extracto de vainilla
$1/2$ taza (125 gramos) de azúcar
2 huevos
1 taza (125 gramos) de harina cernida
1 cucharadita de polvo para hornear
$1/3$ de taza (80 mililitros) de leche

RELLENO DE CHOCOLATE

125 gramos de mantequilla
2 cucharadas de azúcar glass
90 gramos de chocolate oscuro, derretido
1 taza (250 mililitros) de crema espesa, helada

ESPUMA DE CHOCOLATE

200 gramos de chocolate de leche, quebrado
125 gramos de mantequilla sin sal
2 huevos
2 cucharadas de azúcar
1 taza (250 mililitros) de crema espesa
1 cucharada de ron añejo
6 cucharaditas de gelatina en polvo
disueltas en 2 cucharadas de agua caliente
(enfriada)

GLASEADO DE CHOCOLATE BLANCO

250 gramos de chocolate blanco
100 gramos de mantequilla sin sal

El chocolate debe guardarse en un lugar seco y aireado a una temperatura aproximada de 16°C/32°F. Si se almacena en condiciones inadecuadas, la manteca de cacao puede aflorar a la superficie en forma de película blanquecina.
Una decoloración similar se produce cuando el agua se condensa en la superficie; esto suele ocurrir, al refrigerar el chocolate, si el envoltorio no está debidamente ajustado. El chocolate con estos defectos puede aprovecharse para derretir, pero no es apto para rallar.

1   Pastel: En el tazón de la batidora bata la mantequilla con la vainilla hasta acremarla. Añada poco a poco el azúcar, batiendo entre cada adición hasta volver a cremar. Añada los huevos, uno por uno, sin dejar de batir. Por último, agregue alternadamente la harina, el polvo para hornear y la leche. Vierta la pasta en un molde engrasado y forrado (para panqué), de 11 x 21 centímetros. Hornee 20-25 minutos o hasta comprobar con un palillo que el pastel esté cocido. Deje enfriar 5 minutos en el molde y luego desmolde sobre una rejilla.

2   Relleno de chocolate: bata la mantequilla con el azúcar glass hasta acremarla. Añada el chocolate y luego la crema. Bata y refrigere hasta el momento de usar el relleno.

3   Espuma de chocolate: Ponga la mantequilla y el chocolate en un cazo y cocine, revolviendo a fuego bajo hasta que se disuelva. Retire del fuego y deje enfriar. Bata los huevos con el azúcar hasta que espese. Revuélvales la mezcla de chocolate, la crema, el ron y la gelatina disuelta.

4   Para armar el pastel: Corte el pastel horizontalmente en 3 capas. Unte 2 de las capas con el relleno de chocolate y ponga una de ellas (con el relleno hacia arriba) en la base de un molde rectangular de 11 x 21 centímetros, previamente forrado con plástico. Añada encima la mitad de la espuma de chocolate y refrigere 5 minutos o hasta que casi haya cuajado. Ponga la segunda capa de pastel con relleno de chocolate sobre la espuma (con el relleno hacia arriba), agregue la espuma restante y refrigere hasta que casi haya cuajado. Ponga encima la última capa de pastel y refrigere hasta que cuaje totalmente la espuma.

5   Glaseado: ponga en un cacito el chocolate blanco y la mantequilla, y cocine a fuego bajo, revolviendo, hasta tener una mezcla homogénea. Retire del fuego y deje enfriar ligeramente. Desmolde el pastel de 3 capas ayudándose con el plástico, sobre una rejilla. Empareje los bordes, úntele el glaseado hasta cubrirlo y deje secar.

10 porciones

SOPA DE MANGO Y COCO CON SORBETE DE LIMÓN

SORBETE DE LIMÓN
¹/₂ taza (125 gramos) de azúcar
¹/₂ taza (125 mililitros) de agua
¹/₂ taza (125 mililitros) de vino blanco
¹/₂ taza (125 mililitros) de jugo de limón real
2 cucharaditas de ralladura fina de cáscara
de limón
1 clara de huevo

SOPA DE MANGO Y COCO
1 ¹/₂ kilo de mangos, pelados, deshuesados
y picados
¹/₃ de taza (80 mililitros) de jugo
de naranja fresco
³/₄ de taza (180 mililitros) de agua
¹/₄ de taza (60 mililitros) de vino con jengibre
2 tazas (500 mililitros) de leche de coco
helada

6 porciones

Utilice mangos en lata, escurridos, si no consigue los frescos. Para esta receta necesitará 2 latas de 440 g/14 oz.

1   Sorbete: Ponga el azúcar, el agua y el vino en un cazo a fuego bajo y revuelva hasta disolverla. Cuando hierva, baje la flama y cocine sin tapar, 5 minutos. Retire el jarabe del fuego y deje enfriar.

2   Añada el jugo y la ralladura de limón al jarabe, páselo a un molde metálico y congele hasta que esté firme. Sáquelo, póngalo en un tazón y bata el sorbete unos segundos. Bata la clara a punto de turrón y mézclela con el sorbete, con movimientos envolventes. Regréselo al molde, tápelo y congele hasta que solidifique bien.

3   Sopa: Licue la pulpa de mango; añádale el jugo de naranja, el agua y el vino con jengibre. Licue 3 segundos más y meta al refrigerador. Revuelva la leche de coco con la sopa, repártala en 6 tazones y póngale bolitas del sorbete.

HELADO BÁSICO DE VAINILLA

6 yemas de huevo
³/₄ de taza (180 gramos) de azúcar
1 taza (250 mililitros) de agua
2 cucharaditas de extracto de vainilla
3 tazas (750 mililitros) de crema espesa, batida

Si desea lograr un auténtico sabor a vainilla, prepare el almíbar con azúcar vainillada. Para obtenerla, llene con azúcar un recipiente hermético grande, agregue una o dos vainas de vainilla y estacione durante varios días. Reponga el azúcar a medida que la utilice, para tener siempre a mano una provisión de azúcar vainillada. Resulta estupenda para cualquier preparación horneada o para natillas que requieran un intenso sabor a vainilla.

Sopa de mango y coco con sorbete de limón, Espuma de chocolate con durazno

1   Ponga las yemas en el tazón de la batidora hasta que esponjen. Aparte, en un cacito ponga el azúcar y el agua y cocine a fuego vivo, revolviendo hasta disolver el azúcar. Baje la flama y deje hervir el jarabe hasta que haga hebra (170 ºC en un termómetro para jarabes). Vierta lentamente el jarabe sobre las yemas, en un chorrito continuo, mientras las bate y enfría ligeramente.

2   Añada a lo anterior la vainilla y la crema, revuelva y vacíe en un recipiente. Meta al congelador hasta que la orilla empiece a cuajar. Bata nuevamente la mezcla y regrésela al congelador hasta que vuelva a endurecer

la orilla. Repita este proceso dos veces más. Congele hasta que solidifique el helado.

Helado de café: En lugar de vainilla, añada 2 cucharadas de café en polvo disuelto en 2 cucharadas de agua tibia. Continúe con los pasos de la receta básica.

Helado de fresa: Añada 2 tazas (500 mililitros) de puré de fresa a la receta básica. Continúe como se indica. Si en lugar de vainilla usa 2 cucharaditas de Cointreau (licor de naranja) tendrá una deliciosa variante.

Helado de coco: Reemplace ¹/₂ taza (125 mililitros) de crema con ¹/₂ taza (125 mililitros) de crema de coco y añada ¹/₂ taza (45 gramos) de coco rallado. Continúe con la receta básica.

Rinde 1 litro/1 ³/₄ pt

ESPUMA DE CHOCOLATE CON DURAZNO

ESPUMA DE CHOCOLATE

185 gramos de chocolate blanco

30 gramos de mantequilla

4 yemas de huevo

$^1/_3$ de taza (80 gramos) de azúcar

2 cucharaditas de brandy

1 $^1/_2$ taza (375 mililitros) de crema espesa, batida

COLADO DE DURAZNO

440 gramos de duraznos en mitades

2 cucharadas de azúcar

1 cucharada de Cointreau

(licor de naranja-opcional)

1   Espuma: En un cacito a fuego bajo ponga el chocolate y la mantequilla, revolviendo hasta disolverlo y mezclar ambas cosas. Deje enfriar.

2   Coloque el azúcar, las yemas y el brandy en un bol térmico sobre una cacerola con agua que hierva lentamente y bata hasta alcanzar un punto espeso y aireado. Retire del fuego y siga batiendo hasta enfriar la mezcla. Revuélvale el chocolate disuelto y luego la crema, con movimientos envolventes. Reparta en 8 copas y refrigere hasta que esté firme.

3   Colado de durazno: Licue los duraznos, el azúcar y el Cointreau, si lo usa, y luego cuele el puré obtenido.

8 porciones

Vierta el colado sobre la espuma, ya en las copas, o sírvalo por separado. Esta espuma también sabe riquísima si la sirve con colado de chabacano o de fresa.

SORBETE DE SANDÍA

²/₃ de taza (160 gramos) de azúcar
1 ¼ taza (310 mililitros) de agua
2 ½ tazas (625 mililitros) de pulpa de sandía
hecha puré
2 claras de huevo

El alcohol evita que el sorbete quede demasiado duro al congelarse. Los sorbetes que no contienen alcohol deben sacarse del congelador y dejarse en el refrigerador 20-30 minutos para servir fríos con mayor facilidad. Meta al congelador los platos en que servirá sorbete o helado, para evitar que éste se derrita demasiado pronto.

1   En un cacito ponga a calentar el agua con el azúcar y revuelva hasta disolverla. Cuando empiece a hervir, baje la flama y cocine 10 minutos. Retire y deje enfriar.

2   Mezcle el puré de sandía con el jarabe frío y vacíelo en un molde rectangular. Congele hasta que casi solidifique.

3   Licue o bata el sorbete 1 minuto. Bata las claras a punto de turrón y revuélvalas, con movimientos envolventes, con la fruta licuada. Regrese la mezcla al congelador hasta que solidifique.

Sorbete de mango y maracuyá: Reemplace el puré de sandía con 2 tazas (500 mililitros) de puré de mango y la pulpa de 4 maracuyás (pasionaria o fruta de la pasión). Continúe como para el sorbete de sandía.

Sorbete de kiwi (o de tuna): Reemplace el puré de sandía con 2 tazas (500 mililitros) de puré colado de kiwi o tuna, ¼ de taza (60 mililitros) de jugo de toronja fresco y dos cucharadas de crema de menta (licor). Continúe como para el sorbete de sandía.

Rinde 1.2 litro

FLAN BÁSICO PARA HELADO DE VAINILLA

8 yemas de huevo
1 ¼ taza (310 gramos) de azúcar
4 tazas (1 litro) de leche
2 tazas (500 mililitros) de crema ligera
2 cucharaditas de extracto de vainilla

Si no dispone de heladera automática, vierta la mezcla en un recipiente apto para frigorífico y congele hasta que empiecen a formarse cristales de hielo junto a los bordes. Revuelva con un tenedor para romper los cristales. Repita el proceso 2-3 veces, luego deje que el helado tome consistencia. Esto asegura que el helado teminado tenga una textura suave, sin cristales grandes.

1   Con la batidora bata las yemas y el azúcar a punto de listón.

2   Ponga la leche y la crema en un recipiente y lleve a hervor, retire el recipiente de la estufa; vierta poco a poco la mezcla de leche caliente sobre las yemas batidas y bata a baja velocidad. Regrese todo al recipiente y cocine a fuego bajo, revolviendo constantemente hasta que la mezcla cubra el dorso de la cuchara.

Retire del fuego y coloque el recipiente sobre un plato con hielo para enfriar la mezcla a la temperatura ambiente.

3   Añada la vainilla y revuelva. Vacíe el flan en una heladera automática y siga las instrucciones del fabricante.

Helado de chocolate: Si lo desea, reduzca la cantidad de azúcar a ³/₄ de taza (180 gramos) y cuando el flan haya enfriado revuélvale 315 gramos de chocolate oscuro o de leche, derretido y tibio. Continúe como para la receta base.

Helado de durazno: Compre 1 lata (850 gramos) de duraznos en mitades, escúrralos y hágalos puré; mezcle este puré con el flan ya frío. Continúe como para la receta base.

Rinde 1.5 litro

GELATINA DE VINO Y FRUTAS

4 chabacanos, deshuesados y en mitades
200 gramos de uvas sin semilla
250 gramos de fresas, limpias y en mitades
250 gramos de cerezas deshuesadas
(frescas o de lata)
60 gramos de gelatina en polvo, disuelta
en ½ taza (125 mililitros) de agua caliente,
enfriada
2 tazas (500 mililitros) de vino blanco dulce
2 tazas (500 mililitros) de jugo de manzana
⅓ de taza (80 mililitros) de licor de fruta a su
gusto (o de jugo de manzana)

1   Revuelva la gelatina disuelta y déjela
enfriar. Ponga las chabacanos, las uvas,
las fresas y las cerezas en un tazón y mezcle.

2   Envuelva la gelatina disuelta con el vino,
el jugo de manzana y el licor de fruta o jugo
extra de manzana. Vierta ¼ de esta mezcla
líquida en un molde de corona ligeramente
engrasado, con capacidad para 4 tazas
(1 litro), y agregue ¼ parte de la fruta.
Refrigere hasta que cuaje.

3   Repita hasta terminar con el líquido
y las frutas restantes. Cuando la gelatina haya
cuajado bien, desmóldela y sírvala adornada
con fruta extra, si lo desea.

Para desmoldar una gelatina:
Meta a medias el molde con la gelatina
en un recipiente amplio con agua caliente,
durante unos segundos. Sáquelo y seque
la base, a la vez que golpea alrededor
ligeramente para desprender el contenido.
Enjuague con agua fría el platón de servir
(no lo seque), colóquelo boca abajo encima
de la gelatina. Sujete firmemente molde
y platón con ambas manos y voltéelos
rápidamente, de modo que el platón quede
bajo el molde, para que la gelatina caiga
en el primero; si esto no sucede, coloque
10-20 segundos sobre el molde, un trapo
mojado en agua caliente y exprimido.
El hecho de dejar mojado el platón le ayudará
a acomodar fácilmente la gelatina si hubiera
quedado a un lado y no en el centro.

8 porciones

Usted puede emplear casi
cualquier fruta fresca para
este postre, pero evite
ponerle piña, papaya
o kiwi, porque contienen
una enzima que no permite
cuajar la gelatina.

Gelatina de vino y frutas

Tartas y tartaletas

Cualquiera que sea la ocasión; un día de campo, la reunión familiar, el cumpleaños de papá, usted puede estar segura de que en este capítulo encontrará la tarta perfecta para ese día. Siguiendo nuestras recomendaciones para prepararlas, muy pronto las tartas hechas por usted parecerán elaboradas por una repostera profesional.

TARTA DE MANZANA CON CREMA

Temperatura de horno
200°C, 400°F, Gas 6

La técnica que se aplica para cocer bases de masa sin relleno se denomina hornear en blanco. Tapice la base cruda con papel de estraza, rellene con algún producto pesado como arroz crudo o legumbres secas y hornee como se explica en la receta, luego quite el peso y el papel y hornee un poco más como se indica.

Tarta de manzana con crema

315 gramos de pasta quebrada
para tarta (preparada)
2 cucharadas de jalea de chabacano

RELLENO DE MANZANA
75 gramos de mantequilla
3-4 manzanas peladas, descorazonadas y en
rebanadas
2 cucharadas de azúcar moscabado

SALSA DE CARAMELO
$\frac{1}{4}$ de taza (60 gramos) de azúcar
4 cucharaditas de agua
$\frac{1}{4}$ de taza (60 mililitros) de crema espesa
30 gramos de mantequilla, en trocitos

COBERTURA DE CREMA AGRIA
500 gramos de crema agria
4 cucharadas de azúcar
1 cucharadita de extracto de vainilla

1   Extienda la pasta con el rodillo y forre un molde engrasado para tarta, de 18 centímetros de diámetro, con base removible. Pique la pasta con un tenedor, cúbrala con papel de estraza y algunos frijoles o habas secas; hornee 10 minutos. Retire los granos y el papel y hornee 8-10 minutos más o hasta que la costra se dore. Caliente la jalea hasta que hierva, y ni bien la pasta esté cocida,

úntele la jalea hirviendo y regrésela al horno 3-4 minutos más. Sáquela y déjela enfriar completamente.

2   Relleno: Caliente en una sartén la mitad de la mantequilla y añada la mitad de las manzanas rebanadas y la mitad del azúcar; cocine a fuego medio volteando las manzanas hasta que estén blandas. Sáquelas y póngalas en un plato. Repita el proceso hasta terminar con los ingredientes. Acomode parejamente las rebanadas de manzanas en la pasta horneada.

3   Salsa de caramelo: En una cacerola gruesa ponga el agua y el azúcar al fuego, y revuelva hasta disolver. Hierva 8 minutos sin revolver o hasta que el caramelo tome color. Baje la flama, añada la crema y siga revolviendo unos segundos; agregue la mantequilla y mezcle bien. Retire y deje enfriar ligeramente el caramelo. Con una cuchara grande vierta el caramelo sobre la manzana que está en la tarta.

4   Cobertura: En un tazón mezcle la crema agria y el azúcar y cubra las manzanas con esta mezcla, emparejándola bien hasta el borde de la tarta. Baje la temperatura del horno a 180°C y hornee la tarta 5-7 minutos más. Deje enfriar y luego refrigere varias horas o toda la noche, antes de servir.

8 porciones

TARTA DE FRAMBUESA

Temperatura de horno
200°C, 400°F, Gas 6

500 gramos de fresas, zarzamoras, frambuesas,
etcétera, a su gusto

PASTA CON ALMENDRA

1 ¼ taza (155 gramos) de harina
2-3 cucharadas de azúcar
15 gramos de almendras molidas
125 gramos de mantequilla, en trocitos
1 yema de huevo, batida ligeramente
2-3 cucharadas de agua helada

RELLENO DE FRAMBUESA

90 gramos de frambuesas
2 yemas y 2 claras de huevo
¼ de taza (60 gramos) de azúcar
½ taza (125 mililitros) de crema batida
8 cucharaditas de gelatina en polvo, disueltas
en ½ taza (125 mililitros) de agua caliente,
enfriada

Antes de preparar la pasta,
asegúrese de que todos
las utensilios e ingredientes
que va a emplear estén
lo más fríos que sea posible.
Si hace calor, refrigere los
utensilios antes de usarlos.
Lávese las manos con agua
fría y maneje la pasta
solamente con la punta
de sus dedos.
Encienda siempre el horno
minutos antes de hornear la
pasta; si la mete en el horno
frío, la grasa se correrá y la
pasta quedará chiclosa,
grasosa y de textura poco
satisfactoria.

1   Pasta: Ponga en un tazón la harina,
el azúcar y las almendras, y revuelva bien.
Añada la mantequilla y bata hasta tener
una mezcla arenosa. Mientras la batidora
funciona, añada la yema y el agua necesaria
para formar una pasta manuable. Ponga
la pasta sobre una mesa enharinada y amásela
un poco. Envuélvala en plástico y refrigere
30 minutos.

2   Extienda la pasta sobre una mesa
enharinada y forre un molde para tarta,
engrasado y de 20 centímetros de diámetro.
Refrigere 15 minutos. Cubra la pasta con
papel de estraza, coloque encima granos
(haba, garbanzo, frijol) secos. Hornéela
10 minutos. Retire papel y granos y hornee
10 minutos más o hasta que la pasta esté
cocida y empiece a dorar.

3   Relleno: Licue las frambuesas para hacer
un puré. Cuélelo para quitar las semillas.
Ponga en un tazón las 2 yemas y el azúcar,
y bata a punto de listón. Aparte, bata las
claras a punto de turrón.

4   Revuelva lentamente la crema batida
y las claras a punto de turrón con las yemas
a punto de listón. Mezcle la mitad de la
gelatina disuelta con el puré de frambuesas
y la otra mitad de gelatina con la crema,
yemas y claras.

5   Sirva cucharadas grandes de la mezcla
de huevo en la tarta horneada, y luego
agregue la mezcla de frambuesa a
cucharaditas. Repita hasta terminar con
ambas mezclas y haber llenado la costra
unos ⅔. Deslice una espátula dentro del
relleno para semimezclar los 2 rellenos.
Refrigere 3 horas o hasta que cuaje la
gelatina. Justo antes de servir, acomode
encima de la tarta las frutas de su gusto.

8 porciones

Tarta de frambuesa

PASTA QUEBRADA DULCE

1 ¹/₂ taza (185 gramos) de harina
¹/₄ de taza (30 gramos) de fécula de maíz
125 gramos de mantequilla en trocitos
¹/₃ de taza (80 gramos) de azúcar
1 huevo, batido ligeramente
1 yema de huevo, batida ligeramente
1 cucharadita de extracto de vainilla

1   Ponga en el tazón de la batidora
o procesador de alimentos, la harina, la fécula
de maíz, la mantequilla y el azúcar; procese
hasta que la mezcla parezca arena gruesa.
Revuelva el huevo, la yema y el extracto
de vainilla, y mientras el aparato funciona,
añádalo a la mezcla seca hasta tener una
pasta lisa.

2   Pase la pasta a una mesa enharinada
y amásela un poco. Envuélvala en plástico
y refrigérela 30 minutos.
Úsela como quiera.

La pasta quebrada puede
prepararse fácilmente en
casa si se dispone de un
procesador de alimentos.
Esta receta sirve para hacer
una pasta quebrada dulce
que usará cuando
se necesite.

Cestitas de hojaldre para fruta

Temperatura de horno
200°C, 400°F, Gas 6

CESTAS DE HOJALDRE AZUCARADO
6 hojas de pasta de hojaldre
60 gramos de mantequilla derretida
$\frac{1}{2}$ taza (125 gramos) de azúcar

FRUTA ESCALFADA
1 taza (250 gramos) de azúcar
1 taza (250 mililitros) de agua
$\frac{1}{2}$ taza (125 mililitros) de vino blanco
4 chabacanos grandes, cortados en cuartos
(deshuesados)
4 duraznos cortados en 8 gajos (deshuesados)
4 ciruelas cortadas en cuartos
4 melocotones cortados en 8 gajos
16 fresas limpias

CREMA DE FRAMBUESA
125 gramos de frambuesas en puré
$\frac{3}{4}$ de taza (180 mililitros) de crema espesa
4 cucharaditas de azúcar glass

2   Fruta escalfada: ponga en un cazo
el azúcar, el agua y el vino, y cocine a fuego
bajo revolviendo hasta disolver el azúcar.
Agregue los chabacanos, las duraznos, las
ciruelas y los melocotones cortados, y cocine
durante 3-4 minutos o hasta que la fruta esté
blanda. Retire el cazo del fuego, añada las
fresas y deje reposar 5 minutos.
Luego escurra la fruta.

3   Crema de frambuesa: cuele el puré de
frambuesa para quitarle las semillas. Ponga
en un tazón la crema, el azúcar y el puré
colado y revuelva bien.

4   Justo antes de servir, coloque las cestitas
en los platos, rellene con la fruta escalfada
y corone con la crema de frambuesas.

6 porciones

1   Cestas: Corte cada hoja de pasta de
hojaldre en tiras de 8 centímetros de ancho.
Engrase por fuera la base redonda de
4 flaneras, y póngalas boca abajo sobre una
bandeja engrasada. Unte las tiras de hojaldre
con mantequilla derretida y póngalas encima
de las flaneras, traslapando cada tira
y de modo que las extremos descansen sobre
la bandeja (vea foto). Unte nuevamente
con mantequilla y rocíelas generosamente
con azúcar. Hornee 10-15 minutos o hasta
que las cestas estén doradas y crujientes
(deben tener la consistencia de las
"campechanas" mexicanas).

Cuando tenemos invitados
las cestas de hojaldre
azucarado son ideales
porque pueden prepararse
anticipadamente y luego
ensamblarse; esto
solamente debe hacerse
minutos antes de servirlas,
ya que la fruta haría que
se humedecieran,
deshaciéndose.

Tarta de plátano con caramelo,
Tartaletas de naranja y chocolate
(pág. 26)

TARTA DE PLÁTANO CON CARAMELO

Temperatura de horno
190°C, 375°F, Gas 5

Tal vez le resulte difícil cortar limpiamente una rebanada de una tarta o evitar que se pegue en el fondo del molde. Para lograrlo, corte un cuadro de papel aluminio 10 centímetros más grande que el diámetro del molde o platón de la tarta. Antes de llenar, voltee el molde boca abajo y presione encima firmemente el papel. Retire el papel sin que pierda la forma y póngalo dentro del molde ya boca arriba, doblando bien el papel alrededor del borde. Luego, rellene con la galleta molida y la mantequilla, presionando bien. Después deje enfriar la costra a la temperatura ambiente y métala al congelador 1 hora o toda la noche; la costra debe quedar muy sólida. Use los lados del cuadro de papel aluminio para levantar poco a poco la costra del molde; retire el papel y con una espátula ancha sostenga la costra para regresarla otra vez al molde o plato de servir.

200 gramos de galletas "Marías", machacadas
75 gramos de mantequilla derretida
4 cucharaditas de azúcar glass
1 taza (250 mililitros) de crema espesa
4-6 cucharaditas de extracto de vainilla

RELLENO DE PLÁTANO Y CARAMELO

1 taza (250 mililitros) de leche condensada azucarada
3 plátanos maduros (en su punto) y en rebanadas

1   Revuelva la mantequilla con la galleta molida; presione esta mezcla en la base de un molde engrasado de 20 centímetros de diámetro; hornee 10 minutos. Saque del horno y deje enfriar completamente.

2   Relleno: Vierta la leche condensada en un molde de vidrio de 20 centímetros de diámetro. Tápelo bien con papel aluminio, ajustándolo bajo del borde. Coloque el molde en otro recipiente más grande, lleno hasta

la mitad con agua y hornee (aumentando la temperatura del horno) a 220°C durante 1 ¹/₂-2 horas, hasta que la leche tome color caramelo (cajeta); si desea ahorrarse tiempo, meta la lata cerrada de leche condensada azucarada dentro de la olla exprés, añada 2-3 tazas (500-750 mililitros) de agua y cuente 25 minutos desde que el vapor empiece a salir con fuerza. Apague y deje enfriar dentro de la olla.

3   Acomode las rebanadas de plátano sobre la costra de galleta y mantequilla y vierta encima la leche acaramelada (si quedara demasiado espesa en la olla exprés, adelgácela añadiéndole leche fresca o evaporada) hasta cubrir completamente el plátano.

4   Bata hasta que forme picos la crema, el azúcar glass y la vainilla. Ponga esta crema en una bolsa para duya con forma de estrella y adorne la tarta todo alrededor con rosetas de crema. Refrigérela cuando menos 4 horas, ya que esta tarta debe servirse muy fría.

8 porciones

TARTA DE CAFÉ, NUEZ Y CHOCOLATE

Esta versión de la tradicional tarta estadounidense, seguramente se convertirá en la preferida, ya sea como postre o para la merienda. Adorne con "varitas" de chocolate y rosetas de crema batida.

220 gramos de galletas de chocolate, molidas
125 gramos de mantequilla

RELLENO DE CAFÉ

1 litro de helado de vainilla, ablandado
2 cucharaditas de café instantáneo, disueltas en 4 cucharadas de agua tibia

COBERTURA DE NUEZ

¹/₂ taza (125 mililitros) de leche evaporada
¹/₂ taza (125 gramos) de azúcar
200 gramos de chocolate oscuro
60 gramos de nuez picada

1   Costra: Ponga en un tazón la galleta molida y la mantequilla, revuelva bien y forre con esta mezcla un molde para tarta de 23 centímetros de diámetro.

2   Relleno: Mezcle bien el café con el helado de vainilla; vacíe la mezcla en la costra y meta al congelador.

3   Cobertura: Ponga en un cazo la leche evaporada, el azúcar y el chocolate; cocine a fuego bajo, revolviendo hasta disolver el chocolate y tener una mezcla homogénea. Añádale nuez y deje enfriar. Luego vierta sobre el relleno y congele hasta que esté firme.

6 porciones

*Tarta de café, nuez y chocolate
(página 24),
Tarta de manzana y ruibarbo*

TARTA DE MANZANA Y RUIBARBO

Temperatura de horno
200°C, 400°F, Gas 6

1 receta de pasta quebrada dulce
(ver receta en pág. 21)

RELLENO DE MANZANA Y RUIBARBO

6 tallos de ruibarbo, picados
2-3 cucharadas de azúcar
3 manzanas (para cocinar) peladas,
descorazonadas y en rebanadas
30 gramos de mantequilla
125 gramos de queso crema
$^1/_3$ de taza (80 gramos) de azúcar
1 cucharadita de extracto de vainilla
1 huevo

1   Extienda la pasta con el rodillo sobre una mesa enharinada y forre con ella un molde para tarta (de preferencia desmontable). Cubra la pasta con papel de estraza y agregue frijoles crudos. Hornee 15 minutos, retire frijoles y papel y hornee 5 minutos más.

2   Relleno: Cueza, al vapor o en el microondas, el ruibarbo hasta ablandarlo. Escúrralo bien, rocíele el azúcar y déjelo enfriar. Derrita la mantequilla en una sartén y cocine las manzanas 3-4 minutos; saque y deje enfriar.

3   Ponga en un tazón el queso crema, el azúcar, la vainilla y el huevo; bata hasta acremar. Vacíe el ruibarbo en la costra, cubra con la mezcla de queso crema y acomode encima las rebanadas de manzana. Baje la temperatura del horno a 180°C y hornee la tarta 40-45 minutos o hasta que el relleno esté firme.

Para detalles sobre el horneado de la masa sin relleno vea la nota de página 18.

10 porciones

TARTALETAS DE NARANJA Y CHOCOLATE

Temperatura de horno
200°C, 400°F, Gas 6

375 gramos de pasta quebrada
(cómprela en su pastelería)
125 gramos de chocolate oscuro derretido

RELLENO DE NARANJA

3 yemas de huevo
2 cucharadas de azúcar
1 $^1/_4$ taza (310 mililitros) de leche hervida
1 cucharada de ralladura fina
de cáscara de naranja
2 cucharaditas de licor de naranja
1 $^1/_2$ cucharadita de gelatina en polvo disuelta
en 4 cucharaditas de agua
$^1/_4$ de taza (60 mililitros) de crema espesa, batida

Adorne las tartaletas con un triángulo de naranja y peladuras finas de esta fruta.

1   Extienda la pasta quebrada con el rodillo y forre con ella 6 moldes para tartaleta, de 10 centímetros de diámetro. Ponga encima de cada uno papel de estraza y granas de frijol. Hornee 8 minutos, retire papel y granas y hornee 10 minutos más o hasta que la pasta dore. Saque y deje enfriar completamente. Unte las costras frías con el chocolate derretido y deje reposar para que cuaje.

2   Relleno: Ponga las yemas y el azúcar a fuego bajo en un recipiente para baño María, y bátalas a punto de listón; retire del fuego y añada poco a poco la leche, batiendo. Vacíe esta mezcla en un cazo grueso y cocine a fuego bajo, revolviéndola como si dibujara un ocho, hasta que espese y se adhiera al dorso de la cuchara de madera, pero sin dejar que hierva. Retire del fuego, póngala sobre cubos de hielo y revuelva hasta que enfríe.

3   A la crema anterior, añádale la ralladura y el licor de naranja y la gelatina disuelta; revuélvale luego la crema y con esta mezcla rellene las tartaletas. Refrigere hasta que cuaje.

6 porciones

Fácil y rápido

Fáciles e irresistibles, los postres de este capítulo resultan

ideales para las reuniones imprevistas o los momentos

en que usted necesita

darse gusto con una golosina.

TORTA BROWNIE DE CHOCOLATE

Temperatura de horno
180°C, 350°F, Gas 4

El chocolate se derrite
más rápido si se corta en
pequeños trozos. El proceso
de fundido debe hacerse
a baja temperatura, pues
el chocolate se quema si
se recalienta. El recipiente
debe mantenerse
destapado y completamente
seco; si se lo tapa se
produce la condensación
del vapor, y una sola gota
de agua basta para
arruinar el chocolate.

180 gramos de chocolate oscuro, quebrado
45 gramos de mantequilla en trocitos
1 huevo
$^1/_4$ de taza (60 gramos) de azúcar
1 cucharadita de extracto de vainilla
30 gramos de harina
60 gramos de almendras fileteadas
6 bolas de helado, del sabor que más le guste

1   En un recipiente a baño María ponga
125 gramos del chocolate, añada toda la
mantequilla y cocine, revolviendo, 5 minutos
o hasta que el chocolate y la mantequilla
formen una mezcla lisa.

2   En un tazón bata el huevo con el azúcar y
la vainilla hasta que espese. Añádale batiendo
la mezcla de chocolate y luego la harina,
las almendras y el chocolate restante. Vacíe
esta mezcla en un molde redondo, engrasado
y forrado, de 20 centímetros de diámetro,
y hornee 15-20 minutos o hasta comprobar
que la torta está cocida. Voltéela sobre
una rejilla y deje enfriar 5-10 minutos antes
de servirla.

3   Corte la torta en gajos y sírvala tibia,
acompañada con helado; el de café es el que
mejor combina con este delicioso postre.

6 porciones

Torta brownie de chocolate

DÁTILES RELLENOS DE NARANJA

315 gramos de dátiles, maduros y frescos
$^1/_4$ de taza (60 mililitros) de coñac o brandy
$^1/_4$ de cucharadita de canela molida
$^1/_4$ de cucharadita de anís molido
1 naranja en rebanadas
tiritas finas y ralladura de cáscara de naranja

RELLENO DE NARANJA
125 gramos de queso doble crema
4 cucharaditas de azúcar glass
2 cucharaditas de ralladura muy fina
de cáscara de naranja
4 cucharaditas de jugo de naranja

1   Haga un corte a lo largo de cada dátil, sáquele el hueso y déjelo abierto. Ponga el coñac o brandy, la canela y el anís en un recipiente de vidrio y mezcle. Agregue los dátiles y déjelos macerar, tapados, durante una hora cuando menos.

2   Relleno: En un tazón grande ponga el queso doble crema, el azúcar glass, el jugo y la ralladura de naranja, y bata hasta esponjar la mezcla. Vacíela dentro de una bolsa (de plástico, tela o papel) con duya mediana en forma de estrella.

3   Escurra los dátiles sobre papel absorbente y rellénelos con la mezcla de queso usando la duya. Refrigere hasta el momento de servir.

Variante: En lugar del queso doble crema de esta receta emplee, si lo desea, una mezcla de crema espesa y queso crema: bata 60 gramos de queso crema con $^1/_4$ de taza (60 mililitros) de crema espesa, y revuélvale el azúcar glass y el jugo y la ralladura de la naranja.

4 porciones

Sirva los dátiles rellenos con medias rebanadas de naranja y tiritas de su cáscara. Estos dátiles son muy apropiados para acompañar una taza de rico café, después de una comida o cena.

HELADO "PEDREGOSO"

1 litro de helado de vainilla, blando
2 barras (60 gramos c/u) de chocolate
con cacahuate, quebradas
10 malvaviscos rosas, picados
5 malvaviscos blancos, picados
6 cerezas rojas confitadas, picadas
6 cerezas verdes confitadas, picadas
4 cucharadas de coco rallado y tostado
2 barras (45 gramos c/u) de chocolate
con avellanas, quebradas

1   Ponga el helado de vainilla en un recipiente grande, añádale el chocolate con cacahuate, los malvaviscos rosas y blancos, las cerezas rojas y verdes, el coco rallado y el chocolate con avellana; revuelva ligeramente y vacíe todo en un molde metálico rectangular; tape y meta al congelador hasta que endurezca.

2   Sirva las bolas de helado con barquillos.

6 porciones

Para una versión con chocolate de este fácil postre reemplace el helado de vainilla por uno de rico chocolate.

Crepas de naranja con yogur (página 32),
Dátiles rellenos de naranja, Helado "pedregoso"

CREPAS DE NARANJA CON YOGUR

1 taza (125 gramos) de harina
$^1/_2$ cucharadita de sal
$^1/_2$ cucharadita de bicarbonato de sodio
1 $^1/_4$ taza (310 mililitros) de yogur natural
1 huevo ligeramente batido
$^1/_3$ de taza (80 mililitros) de leche
yogur natural extra (opcional)

SALSA DE NARANJA

1 cucharadita de cáscara de naranja
finamente rallada
$^1/_2$ taza (125 mililitros) de jugo de naranja
2 cucharadas de azúcar
1 cucharadita de fécula de maíz, disuelta
en 2 cucharaditas de agua
2 cucharadas de Cointreau (licor de naranja)

1   Cierna juntos la harina, la sal y el bicarbonato de sodio; forme un hueco en el centro y vierta allí el yogur, previamente mezclado con el huevo y la leche. Revuelva hasta tener una mezcla homogénea.

2   Ponga cucharadas de esa pasta en una sartén gruesa, ligeramente engrasada y calentada a fuego medio. Cuando empiecen a formarse burbujas en la pasta, voltee la crepa y cuézala del otro lado hasta que dore.

3   Salsa: En un cacito ponga el jugo y la ralladura de naranja con el azúcar, y cocine a fuego medio, revolviendo constantemente hasta que el azúcar se disuelva. Añada la fécula de maíz disuelta y cocine 1-2 minutos más, sin dejar de revolver, o hasta que la salsa espese. Vierta el Cointreau y caliéntelo 2 minutos más. Vierta salsa en las crepas o panqueques y acompáñelos con yogur natural.

4 porciones

Las crepas, panqueques o fruta de sartén (que así también se llaman) son uno de los postres que se hacen más rápidamente; pueden prepararse con anticipación y luego recalentarse para servirlas. Apílelas dentro de un recipiente apto para microondas y caliente en MEDIO (50%) por 1-2 minutos o hasta que estén calientes. Tenga cuidado de no recalentarlas, para que no se endurezcan.

LYCHEES RELLENOS CON BAYAS

48 lychees pelados
200 gramos de arándanos

SABAYÓN DE ARÁNDANO

4 yemas de huevo
$^1/_3$ de taza (80 gramos) de azúcar
100 gramos de bayas mixtas, molidas y coladas

1   Rellene cada lychee con un arándano.

2   Sabayón: En un recipiente para baño María ponga las yemas y el azúcar y bata 5-10 minutos (mientras hierve el agua) hasta que la mezcla espese. Revuélvale el puré de bayas. Ponga los lychee en platitos individuales, vierta encima un poco de sabayón y adorne con los arándanos o bayas restantes.

Variante: Las grosellas son una deliciosa alternativa para los arándanos en esta receta.

6 porciones

Para quitar la semilla del lychee, córtele una "tapita" a la fruta y empuje la semilla hacia fuera.

Lychees rellenos con bayas,
Pastelitos de chocolate

Pastelitos de chocolate

1 paquete de mezcla para pastel de chocolate
250 gramos de arándanos
250 gramos de frambuesas
2 cucharadas de azúcar glass

CREMA DE CHOCOLATE

1 taza (250 mililitros) de crema espesa, batida
155 gramos de chocolate, derretido y tibio
2 cucharadas de brandy

1   Prepare la pasta para pastel de chocolate siguiendo las instrucciones del paquete, y divídala en 2 moldes engrasados y forrados, de 26 x 32 centímetros. Hornee 8-10 minutos o hasta que compruebe que la pasta está cocida. Desmolde sobre una rejilla, hasta enfriar. Con un cortador de galletas de 7.5 centímetros, recorte 12 discos de la pasta cocida.

2   Crema de chocolate: Ponga la crema batida en un tazón y mézclele el chocolate derretido y frío y el brandy.

3   Unte cada disco con la crema de chocolate; cubra 6 de ellos con arándanos y los 6 restantes con frambuesas. Rocíeles azúcar glass. Ponga en un platito un pastelito con arándanos y encima otro con frambuesas. Justo antes de servir, añádales más azúcar glass.

6 porciones

Temperatura de horno
la que indique el paquete

Si no consigue arándanos,
emplee uvas sin semillas,
fresas en mitades
o cualquier baya
de su gusto.

BOLLOS DE PERA

Temperatura de horno
180°C, 350°F, Gas 4

El azúcar sin refinar es
de color dorado a marrón
oscuro y se caracteriza por
el mayor tamaño de sus
cristales y su sabor más
intenso. La cantidad de
melaza que el azúcar
conserva es lo que
determina su color.
Los azúcares demerara
y moscabado son tipos
específicos de azúcar
sin refinar.

¹/₄ de taza (60 mililitros) de aceite vegetal
¹/₂ taza (125 gramos) de azúcar moscabado
1 huevo, batido ligeramente
1 cucharadita de extracto de vainilla
1 taza (125 gramos) de harina
1 cucharadita de bicarbonato de sodio
¹/₂ cucharadita de nuez moscada molida
¹/₂ cucharadita de jengibre recién rallado
2 peras maduras, peladas,
descorazonadas y picadas
155 gramos de orejones de pera, picados

CREMA DE JENGIBRE
1 taza (250 mililitros) de crema espesa
¹/₄ de taza (60 gramos) de crema ácida
1 cucharada de miel
1 cucharada de brandy
¹/₄ de cucharadita de jengibre molido
1 cucharada de jengibre confitado
o en almíbar, finamente picado

1   Ponga en un tazón el aceite, el azúcar,
el huevo y el extracto de vainilla y bata para
mezclar bien. Cierna juntos la harina,
el bicarbonato, la nuez moscada y el jengibre,
y revuelva esta con la mezcla de aceite y
huevo. Luego añádale a la pasta los orejones
y las peras picadas.

2   Reparta la pasta en 6 moldes para bollo
engrasados y hornee 20 minutos. Baje la
temperatura del horno a 160°C y hornee
15-20 minutos más o hasta que compruebe
que los bollos están bien cocidos.

3   Crema de jengibre: Ponga en el tazón de
la batidora la crema espesa y la ácida, añada
la miel y bata hasta formar picos (1 minuto).
Agregue el brandy y el jengibre picado y bata
nuevamente, a punto de crema chantillí.
Sirva los bollos acompañados con la crema
de jengibre.

6 porciones

PARFAIT DE CREMA Y FRUTA

Temperatura de horno
180°C, 350°F, Gas 4

Para este atractivo postre
puede usar cualquier fruta
de su preferencia.
Los purés de mangos en lata,
escurridos, duraznos
o chabacanos, son buenas
alternativas para el puré
de mangos frescos.

1 taza (80 mililitros) de vino blanco
1 cucharada de jugo de limón
¹/₄ de taza (60 gramos) de azúcar
1 ¹/₄ taza (310 mililitros) de crema espesa
¹/₃ de taza (80 mililitros) de pulpa de mango,
en puré
250 gramos de fresas, limpias y en rebanadas
2 kiwis, pelados y picados
1 mango, pelado y rebanado finamente

1   Ponga en un cazo el vino, el jugo de limón
y el azúcar, y cocine a fuego medio,
revolviendo constantemente hasta disolver
el azúcar. Retire y deje enfriar. Luego refrigere
hasta que el jarabe esté helado.

2   Ponga en un tazón la crema, el puré de
mango y el jarabe helado, y bata hasta que
forme picos.

3   Acomode una capa de rebanaditas de
mango en el fondo de cada una de 6 copas
y añada una cucharada de crema de mango.
Continúe alternando las capas de fruta
y crema de mango, con los kiwis y las fresas,
y termine con crema de mango. Refrigere
hasta la hora de servir.

6 porciones

¡Días festivos!

*Las fiestas de Navidad, Pascua y el día de Acción de Gracias
son momentos muy especiales no sólo por su significado
religioso sino también porque constituyen un motivo
de encuentro en torno a una buena mesa.*

CASSATA SICILIANA

**Temperatura de horno
180°C, 350°F, Gas 4**

4 huevos
¹/₂ **taza (125 gramos) de azúcar**
³/₄ **de taza (90 gramos) de harina, cernida con**
³/₄ **de cucharadita de polvo para hornear**
¹/₃ **de taza (80 mililitros) de brandy**

RELLENO

¹/₂ **taza (125 gramos) de azúcar**
4 cucharaditas de agua
375 gramos de queso fresco (cuajada o jocoque)
¹/₂ **taza (125 mililitros) de crema espesa, batida**
60 gramos de fruta confitada, picada
**100 gramos de chocolate oscuro,
picado finamente**
**60 gramos de cerezas confitadas,
cortadas en cuartos**
45 gramos de pistaches picados

BETÚN DE CHOCOLATE

315 gramos de chocolate oscuro
90 gramos de mantequilla

**Adórnela con frutas
confitadas y sírvala con
crema batida.**

1   Pasta: Bata los huevos hasta que esponjen.
Añádales poco a poco el azúcar, batiendo
entre cada adición, hasta acremar. Revuelva
la harina cernida con el polvo para hornear
y vierta la pasta en un molde engrasado

y forrado de 23 x 32 centímetros (para niño
envuelto). Hornee 10-12 minutos o hasta
comprobar que el pan está cocido. Voltee
sobre una rejilla y deje enfriar.

2   Relleno: hierva en un cacito el agua con
el azúcar, revolviendo constantemente hasta
obtener un jarabe. Retire y deje enfriar. Bata
el queso fresco (o cuajada) y mézclele
el chocolate, el jarabe, la crema, las cerezas,
los pistaches y las frutas confitadas
revolviendo bien.

3   Forre con plástico un molde rectangular
(para parqué) de 11 x 21 centímetros. Rebane
el pan y rocíele el brandy; forre la base y lados
del molde con las rebanadas de pan o ponga
el relleno a cucharadas y tápelo con otra capa
de rebanadas de pan. Tape bien y meta al
congelador hasta que solidifique.

4   Betún: Ponga en un cazo el chocolate y
la mantequilla, y revuelva a fuego bajo hasta
tener una mezcla homogénea. Deje enfriar
ligeramente.

5   Desmolde la cassata en una rejilla y
cúbrala con el betún. Regrésela al refrigerador
hasta que el chocolate cuaje bien.

10 porciones

Cassata siciliana

TRONCO FRANCÉS NAVIDEÑO

Temperatura de horno
180°C, 350°F, Gas 4

5 huevos
$^1/_2$ taza (125 gramos) de azúcar
60 gramos de chocolate oscuro, derretido y
enfriado
$^1/_2$ taza (60 gramos) de harina
$^1/_2$ cucharadita de polvo para hornear
6 cucharaditas de cocoa en polvo
azúcar glass

RELLENO AL RON

$^3/_4$ de taza (180 mililitros) de crema espesa
1-2 cucharadas de azúcar glass
1 cucharada de ron oscuro

BETÚN DE CHOCOLATE

185 gramos de chocolate oscuro para repostería
$^2/_3$ de taza (160 mililitros) de crema espesa
30 gramos de mantequilla sin sal

HONGOS DE CHOCOLATE (ADORNO)

1 clara de huevo
$^1/_2$ cucharadita de vinagre
$^1/_3$ de taza (80 gramos) de azúcar
1 cucharadita de fécula de maíz
30 gramos de chocolate oscuro, derretido
1 cucharadita de cocoa en polvo

Si sobran hongos, decore
con ellos la fuente. Corte
tronco en tajadas y sirva,
si lo desea, con helado de
vainilla.

1   Ponga los huevos en el tazón
de la batidora; bátalos hasta que esponjen
y añádales poco a poco el azúcar, batiendo
entre cada adición hasta que la mezcla espese.
Agregue el chocolate y bata. Cierna juntos
la harina, el polvo para hornear y la cocoa,
y revuelva suavemente con la mezcla
de huevos. Vierta la pasta en un molde
rectangular, forrado y engrasado, de
26 x 32 centímetros, y hornee 10-12 minutos

o hasta que la pasta esté firme. Desmolde
enseguida sobre una servilleta húmeda,
rociada de azúcar glass; retire el papel de forro
y enrolle el pan, empezando por un extremo
corto, ayudándose con la servilleta. Deje
reposar 2-3 minutos, luego desenróllelo,
tápelo con otra servilleta húmeda y déjelo
enfriar.

2   Relleno: Ponga en un tazón la crema, el
azúcar glass y el ron, y bata hasta formar picos
suaves. Tape y refrigere hasta que se necesite.

3   Betún: En un recipiente para baño María
ponga el chocolate, la crema y la mantequilla
y bata constantemente, a fuego bajo, hasta
tener un betún liso. Retire del fuego
y refrigere hasta que endurezca ligeramente,
de modo que tenga consistencia untable.
Bata nuevamente el betún y refrigere otra
vez hasta el momento de usarlo.

4   Tronco: Unte el pan con el relleno
y enróllelo. Úntele el betún de chocolate
y con un tenedor simule la corteza. Adorne
con los hongos y rocíele más azúcar glass.

5   Hongos: Ponga la clara de huevo con el
vinagre en un tazón y bata a formar picos.
Añada poco a poco el azúcar, batiendo entre
cada adición, hasta que la mezcla esté espesa
y brillante. Revuélvale suavemente la fécula
de maíz, y rellene con esto una bolsa para
duya de punta lisa. Luego, sobre una bandeja
engrasada y forrada, forme con la duya
y el merengue 7 cabezas de hongo y 7 tallos
(vea foto). Baje la temperatura del horno
a 120°C y hornee el merengue 30 minutos,
hasta que esté seco y crujiente. Deje enfriar
en la bandeja; después, una las cabezas y
tallos de cada hongo con un poco de chocolate
derretido. Rocíeles cocoa en polvo.

10 porciones

Tronco francés navideño,
Budín inglés de Navidad (Pág. 40)

BUDÍN INGLÉS DE NAVIDAD

500 gramos de pasas sin semillas
250 gramos de pasas de Corinto
60 gramos de cáscara confitada
de limón, picada
125 gramos de chabacanos confitados, picados
125 gramos de cerezas confitadas, en mitades
125 gramos de almendras peladas
³/₄ de taza (180 mililitros) de brandy
250 gramos de mantequilla blanda
¹/₂ taza (90 gramos) de azúcar morena
1 cucharada de ralladura fina
de cáscara de naranja
4 huevos
4 cucharaditas de jugo de naranja
recién exprimido
1 taza (125 gramos) de harina
1 cucharadita de canela molida
¹/₂ cucharadita de especias mixtas molidas
¹/₂ cucharadita de nuez moscada en polvo
4 tazas (360 gramos) de migas
de pan frío (de la víspera)

1 Revuelva los dos tipos de pasas, la cáscara de limón, las chabacanos, las cerezas, las almendras y el brandy en un tazón, y déjelo aparte.

2 En el tazón de la batidora ponga la mantequilla, el azúcar y la ralladura de naranja, y bata hasta acremar. Agregue los huevos, uno por uno, batiendo bien entre cada adición. Añada el jugo de naranja.

3 Cierna juntos la harina, la canela, las especias mixtas y la nuez moscada. Junte esta harina sazonada con la fruta macerada en brandy, las migas de pan y la mantequilla batida; revuelva todo muy bien.

4 Vierta la mezcla para budín en un molde bomba (8 tazas-2 litros de capacidad) forrado con una bolsa para horno; cierre la bolsa con un cordel. Tape el budín con papel aluminio y cierre con la tapadera del molde. Coloque el molde tapado dentro de una cacerola grande con agua hirviendo suficiente (debe llegar hasta la mitad del molde). Cocine a fuego medio en baño María durante 4 ¹/₂-5 ¹/₂ horas (añada agua conforme se consuma) o hasta que el budín esté bien cocido. Sírvalo caliente tibio o frío, con crema batida o helado de vainilla.

10-12 porciones

Si no va a consumir el budín enseguida, guárdelo en el refrigerador, dentro de su bolsa de horno. Luego recaliéntelo a baño María durante 1 hora. Si es necesario, agregue más agua caliente durante la cocción, para que no baje el nivel.

TARTA DE CALABAZA

1 receta de pasta quebrada dulce
(ver receta en página 21)

RELLENO DE CALABAZA
280 gramos de pulpa de calabaza de Castilla,
cocida y en puré
2 huevos, batidos ligeramente
¹/₂ taza (125 gramos) de crema agria
¹/₂ taza (125 mililitros) de crema espesa
¹/₄ de taza (80 gramos) de almíbar (de piloncillo)
¹/₂ cucharadita de nuez moscada en polvo
¹/₂ cucharadita de especias mixtas molidas
¹/₂ cucharadita de canela en polvo

1 Relleno: Ponga en un tazón la pulpa de calabaza, los huevos, la crema agria, la crema espesa, el almíbar, la nuez moscada, la canela y las especias mixtas, y bata hasta tener una mezcla homogénea.

2 Extienda la pasta con el rodillo y forre un molde engrasado de 23 centímetros de diámetro. Vacíe el relleno sobre la pasta. Hornee 20 minutos; luego baje la temperatura a 160 °C y hornee 25-30 minutos más o hasta que el relleno haya cuajado y la costra esté dorada. Deje reposar en el molde 5-10 minutos antes de desmoldar.

8 porciones

Temperatura de horno
200°C, 400°F, Gas 6

Sirva la tarta caliente, tibia o fría, con crema batida.

Fabulosos preferidos

Este capítulo está lleno de postres conocidos y saboreados por todo el mundo. Deleite a su familia con una "pavlova", la golosina predilecta desde siempre. Pruebe a ver cómo le sale la muy estadounidense torta Ángel o la rica y acaramelada crème brûlée francesa; y ¿quién podría resistirse ante el famoso budín de fruta y mantequilla o las frituras de plátano?

LA PAVLOVA PERFECTA

Temperatura de horno
120°C, 250°F, Gas 1/2

Si lo desea, encima de la pavlova rocíe almendras, nueces o avellanas picadas.
Este delicioso postre debe su nombre a la famosa bailarina rusa Ana Pavlova, que se inmortalizó con su creación de *La muerte del cisne.*

6 claras de huevo
1 ½ taza (310 gramos) de azúcar
6 cucharaditas de fécula de maíz, cernida
1 ½ cucharadita de vinagre blanco
315 gramos de crema espesa, batida
fruta fresca al gusto (gajos de naranja, rebanadas de plátano o de durazno)

1   Bata las claras de huevo y añádales de a poco el azúcar hasta que tomen punto de turrón.

2   Mezcle la fécula cernida y el vinagre con el turrón. Engrase una bandeja de horno y fórrela con papel de estraza. Engrase ligeramente el papel y rocíele un poco de harina. Dibuje o señale un círculo de 23 centímetros de diámetro sobre el papel enharinado.

3   Ponga la cuarta parte del turrón con fécula en el centro del círculo y extiéndalo hasta 3 centímetros del borde. Amontone alrededor del círculo el turrón restante y empáréjelo con una espátula. Hornee 1 ½ -2 horas o hasta que el merengue esté firme. Apague y deje enfriar la pavlova dentro, con la puerta del horno entreabierta. Adorne la pavlova fría con crema batida y frutas.

8 porciones

La pavlova perfecta

CRÈME BRÛLÉE DE ZARZAMORA

200 gramos de zarzamora
2 tazas (500 mililitros) de crema espesa
1 pedazo de vainilla (en vaina)
5 yemas de huevo
1 taza (220 gramos) de azúcar

CARAMELO

1/2 taza (125 gramos) de azúcar morena
1/4 de taza (60 mililitros) de agua

Puede usar cualquier fruta pequeña entera o de mayor tamaño, picada. Si emplea chabacanos o duraznos, blanquéelos primero o use los enlatados.

1   Reparta la zarzamora ya limpia entre 6 moldecitos refractarios para flan (1/2 taza de capacidad). Ponga a fuego bajo en un cazo la crema y la vainilla, y deje hervir. Bata en un tazón las yemas y el azúcar a punto de listón, y vierta poco a poco la crema caliente mientras sigue batiendo. Regrese la mezcla al cazo y cocine a fuego bajo, revolviendo constantemente hasta que la crema espese. Retire la vainilla y vierta la crema en los 6 moldecitos. Refrigere hasta que cuaje.

2   Caramelo: Ponga en un cazo el agua y el azúcar y caliente a fuego bajo, revolviendo hasta disolver el azúcar. Cocine, ya sin revolver, hasta que el azúcar se acaramele, y agite una o dos veces el recipiente durante la cocción. Tome cucharadas del caramelo aún caliente y cubra la crema de cada moldecito. Deje aparte para que endurezca.

6 porciones

PASTEL DE CHOCOLATE Y FRAMBUESA

Temperatura de horno
120°C, 250°F, Gas 1/2

250 gramos de mantequilla en trocitos
315 gramos de chocolate oscuro
5 claras y 5 yemas de huevo
2 cucharadas de azúcar
1/4 de taza (30 gramos) de harina
1 pizca de polvo de hornear
250 gramos de frambuesas
crema batida para servir

COLADO DE FRAMBUESA

250 gramos de frambuesas
azúcar al gusto

1   Ponga la mantequilla y el chocolate en un recipiente para baño María, a fuego medio. Revuelva constantemente hasta tener una mezcla lisa. Deje aparte.

2   Bata las yemas y el azúcar a punto de listón, y añádalas a la mezcla de chocolate. Luego mezcle a lo anterior la harina cernida con el polvo de hornear.

3   Bata las claras de huevo a punto de nieve. Mezcle las frambuesas y las claras batidas con la mezcla de chocolate y harina. Vierta la pasta en un molde forrado y engrasado, de 20 centímetros de diámetro y hornee 1 hora y 15 minutos o hasta comprobar que el pastel está cocido. Apague y deje enfriar el pastel con la puerta del horno entreabierta.

4   Colado: Licue las frambuesas y cuele la pulpa para quitarle las semillas. Añádale azúcar al gusto. Acompañe el pastel con este colado y con crema batida.

10 porciones

Pastel de chocolate y frambuesa,
Crème brûlée de zarzamora

BUDÍN JAFFA

125 gramos de mantequilla
2 cucharaditas de ralladura fina
de cáscara de naranja
²/₃ de taza (160 gramos) de azúcar
2 huevos
100 gramos de "chispas" (trocitos)
de chocolate para repostería
1 ¹/₂ taza (185 gramos) de harina, cernida con
1 ¹/₂ cucharadita de polvo para hornear
¹/₂ taza (125 mililitros) de jugo de naranja
¹/₄ de taza (30 gramos) de cocoa en polvo
¹/₂ taza (125 gramos) de azúcar
1 ¹/₂ taza (375 mililitros) de agua hirviendo

1 Ponga en un recipiente grande la mantequilla y la ralladura de naranja y bata hasta acremar. Añada poco a poco el azúcar, batiendo entre cada adición hasta tener una mezcla homogénea.

2 Agregue los huevos, uno por uno y batiendo entre ellos. Revuelva luego los trocitos de chocolate con la harina, y luego agregue, alternándoles, la mezcla de harina y el jugo de naranja, revolviendo los ingredientes mencionados. Vacíe todo en un molde refractario engrasado.

3 Cierna la cocoa y el azúcar encima de la pasta del molde y luego vierta cuidadosamente el agua hirviendo. Hornee 40 minutos o hasta que el budín esté firme.

8 porciones

Temperatura de horno
180°C, 350°F, Gas 4

Sirva este simple postre familiar con helado de crema o chocolate, o con crema ligeramente batida.

TORTA ÁNGEL DE COCO

Temperatura de horno
180°C, 350°F, Gas 4

$^3/_4$ de taza (90 gramos) de harina
$^1/_4$ de taza (30 gramos) de fécula de maíz
1 taza (250 gramos) de azúcar
10 claras de huevo
$^1/_2$ cucharadita de sal
1 cucharadita de cremor tártaro
8 cucharaditas de agua
1 cucharadita de extracto de vainilla
45 gramos de coco rallado

BETÚN
$^1/_2$ taza (125 mililitros) de agua
1 $^1/_4$ taza (310 gramos) de azúcar
3 claras de huevo
90 gramos de coco rallado, ligeramente tostado

1   Cierna 3 veces la harina con la fécula de maíz, y luego vuélvalas a cernir (juntas) una vez más con $^1/_4$ de taza del azúcar.

2   Ponga en un tazón grande las claras de huevo, la sal, el cremor tártaro y el agua, y bata a punto de nieve, cuidando de no resecarlas demasiado. Mientras bate añada la vainilla, y luego el azúcar restante de cucharada en cucharada.

3   Cierna la mezcla de harina sobre la mezcla de claras y mezcle ambas con movimientos envolventes. Por último añada el coco rallado y revuelva ligeramente. Ponga la pasta en un molde para rosca, sin engrasar. Golpee ligeramente el molde sobre la mesa para emparejar la pasta. Hornee 45 minutos. Cuando el pastel esté

apenas dorado y compruebe que está cocido, voltee el molde y déjelo enfriar para que desmolde solo.

4   Betún: Ponga en un cacito el agua con el azúcar y hierva a fuego medio revolviendo hasta disolver el azúcar. Suba la flama y cocine 3-5 minutos sin revolver, hasta que el jarabe tenga punto de bola suave (debe formar una pasta entre los dedos pulgar e índice). Ponga las claras de huevo en un tazón y bátalas a punto de nieve; continúe batiéndolas mientras vierte el jarabe poco a poco y en chorro delgado, hasta que el betún forme picos. Úntelo sobre la superficie y lados del pastel y termine presionando el coco rallado y tostado a los lados del mismo.

12 porciones

El molde adecuado para esta torta (corona para rosca) es redondo y de paredes altas, con una base removible que tiene un tubo en el centro; si no dispone de él emplee uno de sus moldes redondos más hondos. Como sea, cuando vaya a usarlo, nunca lo engrase porque eso impedirá que el pastel esponje.

PASTEL DE QUESO Y PASAS

Temperatura de horno
220°C, 425°F, Gas 7

En esta receta puede usar
cáscara y jugo de naranja
en lugar de los de limón.

PASTA

¹/₂ taza (60 gramos) de harina
¹/₄ de taza (30 gramos) de fécula de maíz
¹/₄ de taza (30 gramos) de polvo de paquete
para preparar flan
4 cucharaditas de azúcar glass
60 gramos de mantequilla
1 yema de huevo
agua helada

RELLENO

375 gramos de queso
crema, suavizado
¹/₄ de taza (60 gramos) de yogur natural
¹/₂ taza (125 gramos) de azúcar
2 huevos
1 cucharadita de extracto
de vainilla
2 cucharaditas de ralladura fina
de cáscara de limón
170 gramos de pasas
de Corinto

BETÚN DE LIMÓN

¹/₂ taza (125 mililitros) de crema espesa
2 cucharaditas de jugo de limón
¹/₂ cucharadita de ralladura fina de cáscara de
limón

1 Pasta: Cierna juntos la harina, la fécula
de maíz, el polvo para flan y el azúcar glass.
Añada la mantequilla, mezclando con la
punta de los dedos hasta tener una mezcla
arenosa. Haga un pozo en el centro y agregue
la yema de huevo y el agua necesaria para
tener una pasta manuable. Envuelva la pasta
en plástico y refrigere 30 minutos.

2 Extienda la pasta y forre con ella
un molde engrasado de 20 centímetros de
diámetro, pique la pasta con un tenedor
y hornéela 10 minutos. Déjela aparte para
que enfríe.

3 Relleno: Ponga en el tazón de la batidora
el queso crema, el yogur, el azúcar, los
huevos, el extracto de vainilla y la ralladura
de limón, y bata hasta acremar. Añada las
pasas, revuelva y vacíe la pasta en la costra
horneada. Baje la temperatura del horno a
180°C y hornee 20-25 minutos o hasta que
el relleno esté firme. Apague el horno
y deje enfriar dentro el pastel, con la puerta
entreabierta.

4 Betún: Ponga en un cacito la crema, el
jugo y la ralladura de limón: deje hervir a
fuego bajo revolviendo durante 5 minutos
o hasta que la mezcla espese. Vierta este
betún sobre el pastel ya frío y refrigere hasta
el momento de servir.

8 porciones

Izquierda: Pastel de queso y pasas
Derecha: Pastel endiablado

PASTEL ENDIABLADO

1 taza (100 gramos) de cocoa en polvo
1 ¹/₂ taza (375 mililitros) de agua hirviendo
375 gramos de mantequilla sin sal (blanda)
1 cucharadita de extracto de vainilla
1 ¹/₂ taza (375 gramos) de azúcar
4 huevos
2 ¹/₂ tazas (315 gramos) de harina
¹/₂ taza (60 gramos) de fécula de maíz
1 cucharadita de bicarbonato de sodio
1 cucharadita de sal
¹/₂ taza (125 mililitros) de crema espesa, batida

BETÚN DE CHOCOLATE

250 gramos de mantequilla blanda
1 huevo
2 yemas de huevo
1 taza (180 gramos) de azúcar glass, cernida
185 gramos de chocolate oscuro,
derretido y tibio

1   Revuelva en un tazón la cocoa y el agua, bata ligeramente y deje enfriar. Bata la mantequilla con el extracto de vainilla hasta que esponje. Añádale poco a poco el azúcar, batiendo entre cada adición hasta tener una pasta cremosa. Añada los huevos uno por uno y sin dejar de batir.

2   Cierna juntos la harina, la fécula, el bicarbonato de sodio y la sal. Incorpore la mezcla de harina y la de cocoa, alternativamente, en la de huevo.

3   Reparta la pasta en 3 moldes engrasados y forrados de 23 centímetros de diámetro y hornee 20-25 minutos o hasta comprobar que está bien cocida. Deje reposar 5 minutos en el molde antes de desmoldar en rejilla de alambre, para que el pan se enfríe totalmente.

4   Betún: En un tazón bata la mantequilla hasta que esponje; añádale el huevo, las yemas y el azúcar glass. Luego agregue el chocolate derretido y ya frío y bata hasta tener un betún cremoso. Una las 3 piezas de pan con la crema batida y cubra las lados y las superficies con el betún.

12 porciones

Temperatura de horno
180°C, 350°F, Gas 4

Las piezas de pan, sin crema ni betún, se pueden congelar dentro de un recipiente hermético hasta 3 meses.

Budín de fruta y mantequilla,
Frituras de plátano,
Budín jaffa (pág. 45)

BUDÍN DE FRUTA Y MANTEQUILLA

Temperatura de horno
180°C, 350°F, Gas 4

60 gramos de mantequilla
¹/₄ de taza (90 gramos) de azúcar morena
³/₄ de taza (90 gramos) de pasas de Corinto
¹/₂ cucharadita de canela en polvo
440 gramos de manzana de lata,
o blanqueadas y escurridas
12 rebanadas de panqué de frutas,
descortezadas y enmantequilladas
3 huevos
1 ¹/₄ taza (310 mililitros) de leche
³/₄ de taza (180 mililitros) de crema espesa
¹/₂ cucharadita de extracto de vainilla

Si deja el budín en reposo
una hora antes de
hornearlo el pan absorberá
mejor la mezcla cremosa
y el resultado será un budín
con textura más suave
y húmeda.

1   Derrita la mantequilla en una cacerola,
añádale el azúcar y cocine a fuego bajo, sin
dejar de revolver, hasta que el azúcar se
disuelva. Agregue las pasas, la canela y la
manzana, revuelva y cocine 1-2 minutos más.
Retire del fuego y deje enfriar.

2   Corte las rebanadas de pan en triángulos
y acomode un tercio de ellas
—lado enmantequillado hacia arriba— en
la base de un molde engrasado para budín.
Ponga encima una capa de la mezcla de
manzana y pasas y siga con otra capa de pan
en triángulos, luego más mezcla de manzana
y pasas y termine con pan, acomodando
las triángulos alrededor (vea foto).

3   Bata en un tazón las huevos, la leche,
la crema y el extracto de vainilla, y vierta
la mezcla sobre el pan y la manzana del
molde. Coloque este molde en otro
más grande, lleno hasta la mitad con
agua hirviente, y hornee a baño María
45-50 minutos o hasta que el budín esté
cocido y dorarlo.

8 porciones

FRITURAS DE PLÁTANO

4 plátanos firmes y maduros, cortados
a la mitad y luego a lo largo
2 cucharadas de jugo de limón
aceite para freír

PASTA PARA REBOZAR
1 taza (125 gramos) de harina
1 cucharadita de polvo de hornear
1 huevo batido ligeramente
¹/₂ taza (125 mililitros) de leche
2 cucharadas de azúcar
1 clara de huevo

CARAMELO
¹/₂ taza (125 gramos) de azúcar
¹/₂ taza (125 mililitros) de agua
¹/₂ taza (125 mililitros) de crema espesa
2 cucharaditas de whisky o brandy (opcional)

La fruta rebozada y frita
es rica y, sobre todo, les
encanta a los niños. Usted
puede emplear la fruta
que se le antoje, como
manzana, durazno o aros
de piña (de lata).

1   Pasta: Ponga la harina, cernida con el
polvo de hornear, en un tazón, haga un pozo
en el centro. Revuelva la leche, el huevo y el
azúcar, y mezcle con la harina cernida hasta
tener una pasta lisa. Deje reposar 10 minutos.

2   Caramelo: Ponga en un cacito el agua
y el azúcar, y cocine a fuego bajo, revolviendo
constantemente hasta disolver el azúcar.
Deje hervir, baje la flama y cocine sin
revolver 5 minutos o hasta que la mezcla
se acaramele.

3   Retire el caramelo del fuego y mézclelo,
cuidadosamente, con la crema y el licor (si es
que lo usa). Regrese el cacito al fuego bajo y
revuelva hasta combinar bien los ingredientes.
Retire y deje enfriar.

4   Bata la clara de huevo a punto de nieve
y mézclela con la pasta en movimientos
envolventes. Caliente suficiente aceite en
una sartén gruesa, unte los plátanos con jugo
de limón, sumérjalos en la pasta, escurra el
exceso y fríalos 2-3 minutos o hasta que
doren. Escurra el aceite sobre papel
absorbente y sírvalos enseguida, bañados
con el caramelo.

4 porciones

Delicias
livianas

De textura ligera y muy bajas calorías, estos exquisitos postres nos incitan a pecar. El soufflé de manzana y durazno sabe a gloria y usted no creería que casi no tiene grasa ni colesterol y menos de 100 calorías por ración. Aunque usted no esté sujeto a ninguna dieta estos postres son el broche de oro al final de cada comida.

COEUR À LA CRÈME CON FRUTA FRESCA

²/₃ de taza (160 gramos) de queso cottage
¹/₄ de taza (60 mililitros) de crema espesa
¹/₄ de taza (60 gramos) de queso
blanco descremado
1 cucharada de azúcar glass
¹/₂ cucharadita de extracto de vainilla
1 cucharada de Cointreau o Grand Marnier
(licor de naranja)
250 gramos de frutas a su gusto, como fresas,
ciruelas, duraznos, melón, etcétera

1   Bata el queso cottage hasta que esté cremoso. Añádale la crema, el queso blanco, el azúcar glass y el extracto de vainilla y bata unos segundos más.

2   Forre 4 moldecitos en forma de corazón con una capa doble de muselina o manta de cielo recién lavada y exprimida, y rellénelos con la mezcla de queso, apretándola bien.

Coloque los moldes en una rejilla puesta sobre una bandeja. Tape y refrigere 24 horas. Desmolde los corazones en platos de servir (retire la tela), rocíeles un poco de Cointreau o Grand Marnier y adórnelos con fruta fresca.

Moldes para coeur à la crème: éstos son de cerámica (los hay de porcelana), en forma de corazón y con orificios en la base, como en las macetas. Antes de forrarlas con la tela, enjuáguelos bien con agua fría, pero no los seque. Usted puede hacer sus propios moldes: tome envases vacíos de yogur y córtelos para dejarlos de 2.5 centímetros de altura. Luego hágales los orificios (4-5) con una aguja de tejer. Estos moldes no tendrán forma de corazón como los de cerámica, pero el postre se verá y sabrá riquísimo.

4 porciones

Empiece a hacer este postre desde el día anterior, ya que debe dejarse toda la noche en el refrigerador antes de servirlo.

Coeur à la crème con fruta fresca

COMPOTA DE FRUTAS

También las
nectarinas, ciruelas,
manzanas o peras,
resultan indicadas para
prepararlas de este modo.
Recuerde que el tiempo
de cocción debe ser algo
mayor para frutas más duras.

4 duraznos firmes y maduros,
deshuesados y en mitades
1 taza (250 mililitros) de vino tinto
3-4 cucharadas de miel
1 raja de canela

Corte los duraznos en rebanadas finas. Ponga
en un cazo el vino, la miel y la canela,
y cuando empiece a hervir, baje la flama
y cocine 5 minutos. Añada el durazno y
cocine 5-10 minutos más o hasta que la fruta
esté un poco blanda. Retire del fuego y deje
enfriar; luego refrigere.

4 porciones

RUIBARBO CON GALLETAS

Temperatura de horno
190°C, 375°F, Gas 5

750 gramos de ruibarbo, limpio
y en trozos de 1 centímetro
1 taza (180 gramos) de azúcar morena
$^1/_4$ de cucharadita de clavo molido
$^1/_2$ cucharadita de extracto de vainilla
2 cucharadas de jugo de limón
2 cucharadas de jugo de naranja
$^3/_4$ de taza (180 mililitros) de crema espesa
$^3/_4$ de taza (125 mililitros) de yogur natural

GALLETAS DE NARANJA

75 gramos de mantequilla sin sal
$^1/_4$ de taza (60 gramos) de azúcar
1 huevo
1 $^1/_2$ cucharadita de ralladura fina
de cáscara de naranja
$^3/_4$ de taza (90 gramos) de harina

1 Ponga al fuego en una cacerola el
ruibarbo, el azúcar, el clavo, la vainilla y
las jugos de limón y naranja. Cuando hierva,
baje el fuego y cocine 15 minutos, revolviendo
de vez en vez, hasta que el ruibarbo esté
blando y el jarabe espeso. Pase todo a un
tazón, tape y refrigere hasta que esté helado.

2 Bata la crema hasta que forme picos;
añádale el yogur y luego el dulce de ruibarbo
helado, y revuelva ligeramente para obtener
un aspecto marmolado. Reparta en copas
individuales y refrigere otra vez.

3 Galletas: Bata la mantequilla con el
azúcar hasta acremarla. Añada el huevo
y la ralladura de naranja y bata unos segundos
más. Luego revuelva con la harina. En una
bandeja engrasada, ponga cucharaditas de la
pasta, separadas 5 centímetros unas de otras;
hornee 10 minutos o hasta que doren.
Deje enfriar un minuto en la bandeja antes
de pasar las galletas a una rejilla para que
se enfríen completamente. Acompañe cada
copa de ruibarbo con 2-3 galletas.

8 porciones

El ruibarbo es el tallo
comestible de la planta del
mismo nombre y, como tal,
en realidad es una verdura.
No obstante, por su modo
de empleo se tiende a
considerarlo una fruta. Las
hojas de la planta del
ruibarbo son tóxicas y
jamás deben ingerirse.

TARTALETAS DE FRAMBUESA Y AVELLANA

PASTA DE AVELLANA

1 taza (125 gramos) de harina cernida
60 gramos de mantequilla sin sal, en trocitos
1 cucharada de azúcar glass
30 gramos de avellanas molidas
1 huevo, batido ligeramente
1 yema de huevo, batida ligeramente

RELLENO DE CREMA

1 $\frac{1}{2}$ taza (375 gramos) de queso crema
de bajas calorías
2 cucharadas de azúcar
$\frac{1}{4}$ de taza (60 mililitros) de crema doble

COBERTURA

350 gramos de frambuesas (o fresas)
$\frac{1}{2}$ taza (80 mililitros) de mermelada
de frambuesa (o de fresa), calentada y colada

para tartaleta, ligeramente engrasados
(7 $\frac{1}{2}$-8 centímetros de diámetro). Cubra con
papel de estraza cada molde, coloque encima
granos de café, frijol o garbanzo y hornee
10 minutos. Retire granos y papel y hornee
15 minutos más o hasta que dore la pasta.
Retire y deje enfriar.

3   Relleno: Bata el queso crema con el
azúcar. Aparte, bata la crema hasta que
endurezca un poco; luego mezcle con lo
anterior. Tape y refrigere 20 minutos.

4   Reparta el relleno en las 6 tartaletas
y emparéjelo. Acomode encima la fruta
que haya elegido, luego úntele la mermelada
tibia y ya colada y refrigere unos minutos
para glasear.

6 porciones

1   Pasta: Revuelva en un tazón la harina,
la mantequilla, el azúcar glass y las avellanas
molidas. Añada el huevo y la yema y mezcle
con la punta de los dedos; siga revolviendo
hasta tener una pasta manuable. Envuélvala
en plástico y refrigere 1 hora.

2   Amase ligeramente la pasta y extiéndala
con el rodillo, dejándola de 3 milímetros
de espesor. Forre con ella 6 moldecitos

Temperatura de horno
200°C, 400°F, Gas 6

Cualquier baya o mora,
como fresas, arándanos
o zarzamoras, es buena
para llenar estas divinas
tartaletas individuales. Para
detalles sobre el horneado
de la masa sin relleno vea
la nota de página 18.

*Compota de frutas,
Tartaletas de frambuesa y avellana*

Postre de manzana con cuajada,
Ruibarbo con galletas (página 54)

POSTRE DE MANZANA CON CUAJADA

Temperatura de horno
200°C, 400°F, Gas 6

La crema de queso
que acompaña a este
postre, hace las veces
de crema batida, pero
tiene un sabor diferente
e igualmente sabroso.

6 manzanas verdes, peladas, descorazonadas
y en rebanadas de 1 centímetro
100 gramos de pasas
60 gramos de piñones
1 taza (250 mililitros) de jugo de naranja
$^1/_4$ de taza (90 gramos) de miel
$^1/_2$ cucharadita de canela en polvo
6 clavos enteros
1 cucharada de ralladura fina
de cáscara de naranja
60 gramos de almendras molidas

CREMA DE QUESO

100 gramos de cuajada, requesón o jocoque
100 gramos de queso cottage
1-2 cucharadas de leche
1-2 cucharadas de azúcar

1   En un recipiente refractario ponga
capas de manzana, pasas y piñones,
vierta encima el jugo de naranja, rocíe
con miel y espolvoree con canela, ralladura
de naranja, clavos y las almendras molidas.
Tape el molde con papel aluminio y hornee
40 minutos o hasta que la manzana
esté blanda.

2   Crema de queso: Bata la cuajada
o jocoque con el queso cottage hasta acremar.
Añádale un poco de leche si la mezcla
quedara demasiado gruesa, y endúlcela
al gusto con el azúcar.

4 porciones

56

BUDINES INDIVIDUALES

1 taza (250 gramos) de azúcar
2 tazas (500 mililitros) de agua
850 gramos de fruta (fresas, frambuesas, uvas
sin semilla, pasas, arándanos, etcétera)
14 rebanadas de pan descortezado

SALSA DE FRUTAS

155 gramos de fruta mixta (fresas,
frambuesas, arándanos, pasas, uvas sin semilla)
2-3 cucharadas de azúcar glass
1 cucharada de jugo de limón
2 cucharadas de agua

1 En un cazo a fuego bajo ponga el agua
y el azúcar, y revuelva hasta disolverla.
Cuando hierva, baje la flama, añada la fruta
y cocine 4-5 minutos o hasta que tenga una
especie de compota, pero sin que la fruta
se deshaga. Retire del fuego, cuele la fruta,
aparte el almíbar y deje enfriar.

2 Con un cortador de galletas corte
8 círculos de pan; con 4 círculos forre la base
de 4 moldecitos (½ taza de capacidad).

Corte las rebanadas restantes en tiras y forre
con ellas los lados de cada moldecito. Sirva
cucharadas de la fruta cocida y vierta almíbar
suficiente para humedecer bien el pan, luego
cubra cada molde con las círculos de pan
restantes. Aparte almíbar, si sobra. Tape las
moldecitos con papel aluminio, añada algún
objeto pesado y refrigere toda la noche.

3 Salsa: licue la fruta, el azúcar glass, el jugo
de limón y el agua hasta tener un puré. Cuele
el puré, deseche cualquier semilla y refrigérelo
hasta el momento de servir.

4 Desmolde los budincitos en platos de
servir, báñelos con la salsa y sirva enseguida.

4 porciones

Use fruta fresca o congelada
para estos postres
individuales de gran sabor.
Adorne con más fruta
y añada yogur natural
o acompañe con la crema
de queso de la página
56 para lograr una
presentación atractiva.

Budines individuales

Realmente espectacular

Una comida fabulosa seguida de un postre espectacular, es la mejor manera de celebrar cualquier ocasión que lo amerite. Si desea impresionar a sus invitados y dispone de poco tiempo, pruebe hacer el pastel vienés de café.

PASTEL VIENÉS DE CAFÉ

Temperatura de horno
180°C, 350°F, Gas 4

4 yemas y 4 claras de huevo
$^1/_4$ de taza (60 gramos) de azúcar
45 gramos de almendras molidas
$^1/_2$ cucharadita de extracto de vainilla
3 cucharaditas de café instantáneo, disuelto
en 4 cucharaditas de agua hirviendo
(deje enfriar)
30 gramos de harina
granos de café bañados con chocolate
(o "gotas" de chocolate)
chocolate rallado finamente

CREMA DE CAFÉ

1 taza (250 mililitros) de crema espesa, batida
1 cucharadita de café instantáneo disuelto en
2 cucharaditas de agua hirviendo
(deje enfriar)
1-2 cucharadas de azúcar glass
2 cucharadas de licor de café

Los granos de café bañados con chocolate se consiguen en tiendas de especialidades gastronómicas y en algunos supermercados.

1 Pasta: Bata las yemas con el azúcar a punto de listón. Añada las almendras, el extracto de vainilla y el café disuelto.

2 Bata las claras a punto de nieve. Cierna la harina sobre las yemas batidas y mézclelas con las claras a punto de nieve. Vierta esta pasta en un molde engrasado y forrado de 20 centímetros de diámetro y hornee 20-25 minutos o hasta comprobar que está cocida. Deje 10 minutos en el molde; luego voltee en una rejilla para enfriar completamente.

3 Crema de café: Bata en un tazón la crema con el café disuelto, el azúcar y el licor de café. Corte horizontalmente el pan horneado a la mitad y unte un poco de la crema de café para unir las 2 mitades. Unte la crema de café restante encima y a los lados del pan. Decore el pastel con los granos de chocolate y el chocolate rallado. Refrigere y sírvalo en rebanadas.

10 porciones

Pastel vienés de café

GÂTEAU DE NARANJA Y ALMENDRA

Temperatura de horno
180°C, 350°F, Gas 4

3 huevos
1 taza (250 gramos) de azúcar
4 cucharaditas de jugo de naranja
1 cucharada de ralladura fina
de cáscara de naranja
1 ³/₄ tazas (220 gramos) de harina
¹/₄ de taza (30 gramos) de fécula de maíz
1 ¹/₂ cucharaditas de polvo para hornear
1 cucharadita de bicarbonato de sodio
1 taza (250 gramos) de crema ácida,
ligeramente batida
250 gramos de mantequilla derretida
y a la temperatura ambiente

JARABE GRAND MARNIER

¹/₂ taza (125 gramos) de azúcar
¹/₄ de taza (60 mililitros) de jugo de naranja
¹/₄ de taza (60 mililitros) de Grand Marnier
(licor de naranja)

CREMA DE NARANJA

¹/₂ taza (125 gramos) de azúcar
¹/₂ taza (125 mililitros) de agua
4 yemas de huevo
250 gramos de mantequilla sin sal
2 cucharaditas de ralladura fina
de cáscara de naranja
¹/₄ de taza (60 mililitros) de jugo de naranja
2 cucharadas de Grand Marnier
75 gramos de almendras, fileteadas y tostadas

El secreto de este espectacular gâteau es que, al humedecer los panes con el jarabe, ambos elementos estén a la misma temperatura. No vierta el jarabe frío sobre los panes calientes ni el jarabe caliente sobre los panes fríos, o la textura resultará gomosa.

1   En el tazón de la batidora ponga los huevos, el azúcar, el jugo y la ralladura de naranja y bata hasta acremar. Cierna juntos la harina, la fécula de maíz, el polvo para hornear y el bicarbonato de sodio. En un tazón bata ligeramente la crema ácida y la mantequilla, para mezclarlas. Revuelva las mezclas de harina y crema ácida, alternándolas con la mezcla de huevos.

2   Reparta esta pasta en 3 moldes engrasados y forrados, de 23 centímetros de diámetro y hornee 15-20 minutos o hasta comprobar que está cocida.

3   Jarabe: Cinco minutos antes de que la pasta haya terminado de hornearse, ponga en un cacito el azúcar, el jugo de naranja y el Grand Marnier, y cocine revolviendo constantemente hasta disolver el azúcar.

4   Voltee los panes sobre rejillas de alambre y píquelos ligeramente con una brocheta de bambú, sin llegar a atravesarlos. Vierta el jarabe caliente en chorrito fino sobre las panes y déjelos enfriar completamente.

5   Crema de naranja: Ponga en un cacito el agua y el azúcar, y cocine a fuego bata sin dejar de revolver hasta disolver el azúcar. Deje hervir hasta que el jarabe alcance el punto de bola suave (115 °C en el termómetro para jarabes). Aparte, bata las yemas de huevo ligeramente y luego, sin dejar de batirlas, viértalas muy lentamente en el jarabe. Siga batiendo 5 minutos más o hasta acremar. En un cacito aparte bata la mantequilla hasta que resulte liviana y cremosa y luego, poco a poco, revuélvala con la mezcla de yemas de huevo; añada el jugo y la ralladura de naranja y el Grand Marnier.

6   Una los 3 panes con un poco de crema de naranja y unte la crema restante encima y alrededor del pastel. Luego presione las almendras a los lados (vea foto).

10 porciones

Gâteau de naranja y almendra

TARTA DE FRUTA FRESCA

Si lo desea, use una mezcla de queso crema y crema espesa para esta tarta, en lugar del mascarpone (queso doble crema). Súplalo con 250 gramos de queso crema y 250 mililitros de crema espesa. Bata hasta obtener una mezcla cremosa. Esta tarta también se hace redonda, en un molde de 25 centímetros de diámetro.

2 tazas (250 gramos) de harina
1-2 cucharadas de azúcar
165 gramos de mantequilla, en trocitos
1 yema de huevo
2-3 cucharadas de agua helada
500 gramos de bayas y moras mixtas

RELLENO DE MASCARPONE

500 gramos de mascarpone (queso doble crema)
3/4 de taza (180 mililitros) de jugo de naranja
1/4 de taza (60 mililitros) de Cointreau
(licor de naranja)
1 cucharadita de ralladura fina
de cáscara de naranja
2 cucharadas de azúcar glass

GLASEADO DE FRESA

1/4 de taza (75 gramos) de jalea de fresa
1/2 taza (125 mililitros) de jugo de naranja
2 cucharaditas de gelatina en polvo

1 Ponga en el tazón de la batidora la harina, el azúcar y la mantequilla; procese hasta tener una mezcla arenosa. Con la batidora funcionando, añada la yema de huevo y suficiente agua helada para formar una pasta

manuable. Amásela en una superficie enharinada, envuélvala en plástico y refrigere 30 minutos.

2 Extiéndala con el rodillo y forre con ella un molde de 23 x 23 centímetros (mejor con base removible); cubra la pasta con papel de estraza y sobre él granos de arroz, frijol o maíz. Hornee 10-15 minutos; retire granas y papel y hornee 5-10 minutos más o hasta que dore. Retire del horno y deje enfriar.

3 Relleno: Ponga en un tazón el queso, el jugo y la ralladura de naranja, el licor y el azúcar, y bata 30 segundos.

4 Rellene la costra horneada con el relleno y reparta encima la fruta.

5 Glaseado: Ponga en un cacito la jalea de fresa y el jugo de naranja, rocíe la gelatina y caliente a fuego bajo hasta que la gelatina se disuelva. Retire y deje enfriar ligeramente. Úntela con una brocha sobre la tarta.

8 porciones

COPAS DE CHOCOLATE CON CREMA DE DURAZNO

Este postre es delicioso si se realza con praliné de almendras molido. Para hacerlo, coloque 1 taza (250 g) de azúcar y 1 taza (250 ml) de agua en un cacito y revuelva sobre fuego suave hasta que el azúcar se disuelva. Suba un poco la flama y cocine hasta lograr un caramelo dorado. Esparza sobre una bandeja engrasada 3 cucharadas de almendras peladas y tostadas, luego vierta sobre ellas el caramelo. Deje que solidifique, luego rompa en trozos y muela en la procesadora.

440 gramos de chocolate de leche, derretido

CREMA DE DURAZNO

1 1/2 taza (310 mililitros) de crema espesa
2 cucharadas de azúcar glass cernida
la pulpa de 2 duraznos maduros, hecha puré
1/4 de taza (60 mililitros) de pulpa de maracuyá
(pasionaria o fruta de la pasión) o de manzana

COLADO DE DURAZNO

la pulpa de 3 duraznos hecha puré
1/3 de taza (80 mililitros) de pulpa
de maracuyá o de manzana

1 Copas de chocolate: Corte 6 cuadros de papel aluminio de 15 x 15 centímetros. Ponga flaneras chicas boca abajo, en una bandeja, y cubra cada una con un cuadro de papel aluminio, plegándolo alrededor. Vierta

cucharadas del chocolate derretido encima, dejándolo escurrir alrededor, sobre los pliegues. Use una espátula o la punta del cuchillo para untar el chocolate si no escurre libremente. Deje reposar hasta que cuaje por completo y retire el papel con mucho cuidado.

2 Crema de durazno: Bata la crema espesa en un tazón hasta que forme picos. Revuélvale el azúcar y la pulpa de frutas.

3 Colado: Pase por un cedazo las pulpas de durazno y de maracuyá o manzana. Endulce al gusto con azúcar. Reparta el colado de durazno en los platitos, ponga encima las copas de chocolate y semiléneas con la crema de durazno. Rocíeles el praliné de almendras.

6 porciones

Trufas de chocolate y frambuesa

Temperatura de horno
180°C, 350°F, Gas 4

$^1/_2$ taza (60 gramos) de cocoa cernida
1 taza (250 mililitros) de agua hirviendo
125 gramos de mantequilla
1 $^3/_4$ taza (430 gramos) de azúcar
1 $^1/_2$ cucharada de jalea de frambuesas
2 huevos
1 $^2/_3$ taza (200 gramos) de harina, cernida
con 2 cucharaditas de polvo para hornear
410 gramos de chocolate oscuro, derretido
frambuesas para adorno

CREMA DE FRAMBUESA

125 gramos de frambuesas, molidas y coladas
$^1/_2$ taza (125 mililitros) de crema espesa,
batida

SALSA DE CHOCOLATE

125 gramos de chocolate oscuro (amargo)
$^1/_2$ taza (125 mililitros) de agua
$^1/_4$ de taza (60 gramos) de azúcar
1 cucharadita de brandy (opcional)

Los riquísimos pastelitos de chocolate, rellenos con crema de frambuesa, son el postre perfecto para cerrar una cena formal. Guíese por las instrucciones, paso por paso, y verá cuán fácil le resulta preparar esta golosina espectacular.

1 Pasta: disuelva bien la cocoa en el agua hirviente. Deje aparte hasta que enfríe.

2 Bata en un tazón la mantequilla, el azúcar y la jalea hasta esponjar. Añada los huevos, uno por uno, batiendo entre cada adición, junto con un poco de la harina. Revuélvales la harina restante y la cocoa disuelta, para unir todos los ingredientes de la pasta.

3 Reparta esta pasta en 8 moldecitos o flaneras (media taza de capacidad), ligeramente engrasados. Hornee 20-25 minutos o hasta verificar que la pasta está cocida. Deje enfriar 5 minutos y luego desmolde sobre rejilla de alambre. Voltee los panecitos boca abajo y sáqueles parte de la miga, dejándolos de 1 centímetro de espesor, aproximadamente. Sobre un plato, colóquelos por turno y viértales el chocolate derretido a cucharadas, hasta forrarlos completamente. Póngalos nuevamente en la rejilla para rellenarlos.

4 Crema: Revuelva el puré de frambuesas con la crema batida. Rellene los pastelitos (use una duya o jeringa grande) con la crema de frambuesa. Coloque cada uno en plato individual y refrigere (el relleno debe quedar hacia abajo).

5 Salsa: Ponga en un cacito el chocolate con el agua, y cocine a fuego bajo, 4-5 minutos o hasta que se derrita. Añada el azúcar y siga revolviendo hasta disolverla. Cuando vaya a hervir, baje la flama y cocine 2 minutos, revolviendo; luego vierta el brandy, si lo emplea. Deje enfriar a la temperatura ambiente.

8 porciones

Budines para noches frías

En este capítulo encontrará usted los budines que le harán recordar su infancia: crepas, polvorones y budines que se derriten, junto con soufflés y "empedrados" como los que hacía mamá. Solos o acompañados con flan, caramelo o helado, estos postres son deliciosos en invierno.

SOUFFLÉ DE RUIBARBO

Temperatura de horno
220°C, 425°F, Gas 7

500 gramos de ruibarbo, limpio y en trozos de
2,5-3 centímetros
¹/₂ taza (125 mililitros) de agua
¹/₄ de taza (60 gramos) de azúcar
4 cucharaditas de fécula de maíz, disueltas en
¹/₄ de taza (60 mililitros) de agua
¹/₂ taza (125 gramos) de azúcar
5 claras de huevo
azúcar glass, cernida

Si prefiere realizar en microondas el paso 1 de esta receta, coloque el ruibarbo, el azúcar y el agua en un recipiente apto para microondas y cocine en MÁXIMO (100%) por 5-8 minutos o hasta que el ruibarbo esté tierno.

1 Ponga en una cacerola el ruibarbo, el agua y el azúcar y cocine a fuego medio 10 minutos o hasta que el ruibarbo esté blando.

2 Vierta en la cacerola la fécula disuelta y cocine 2-3 minutos más hasta que espese la mezcla. Añádale la mitad del azúcar y retire del fuego. Deje enfriar un poco.

3 Ponga las claras de huevo en un tazón y bátalas al punto de nieve. Añádales poco a poco el azúcar restante, batiendo entre cada adición hasta que tome punto de turrón. Revuélvale cuidadosamente el ruibarbo y vierta todo en un molde para soufflé de 20 centímetros de diámetro. Hornee 15-20 minutos o hasta queel soufflé se haya levantado y dorado. Espolvoréelo con azúcar glass y sírvalo enseguida.

8 porciones

Soufflé de ruibarbo

CLAFOUTI DE CIRUELAS

Temperatura de horno
180°C, 350°F, Gas 4

El clafouti es el clásico budín francés, hecho con cerezas frescas. Esta receta indica ciruelas, pero usted quizá prefiera emplear chabacanos, duraznos, melocotones, o desde luego, cerezas.

500 gramos de ciruelas rojas, deshuesadas y en cuartos
$^1/_3$ de taza (80 mililitros) de brandy
2-3 cucharadas de azúcar
$^1/_4$ de taza (30 gramos) de harina, cernida
$^1/_4$ de taza (60 gramos) de azúcar
3 huevos, batidos ligeramente
1 taza (250 mililitros) de leche

SALSA DE NARANJA

$^3/_4$ de taza (180 mililitros) de jugo de naranja
2 cucharadas de azúcar
1 cucharadita de canela en polvo
2 cucharaditas de arrurrúz (o fécula de maíz), disueltas en 4 cucharaditas de agua

1 Ponga en un tazón las ciruelas con el brandy; rocíeles el azúcar, tape y deje marinar 30 minutos. Escúrralas y aparte el líquido. Acomode las ciruelas en un refractario ligeramente engrasado.

2 Ponga en un tazón la harina, el azúcar, los huevos y la leche, y bata con batidor de alambre hasta tener una pasta lisa. Vierta parejamente la pasta sobre las ciruelas. Hornee 40-45 minutos o hasta que compruebe una buena cocción.

3 Salsa: Ponga la mezcla de brandy, el jugo de naranja, el azúcar, la canela y el arrurrúz en un cacito a fuego medio, y revuelva constantemente hasta que la salsa hierva y espese. Acompañe el clafouti con la salsa, y si lo desea, con crema batida.

4 porciones

HIGOS CON SABAYÓN

1 taza (250 gramos) de azúcar
$^1/_2$ taza (125 mililitros) de agua
2 cucharadas de brandy
6 higos frescos y maduros, en mitades

SABAYÓN DE MARSALA

4 yemas de huevo
$^1/_3$ de taza (80 gramos) de azúcar
$^1/_4$ de taza (60 mililitros) de Marsala o jerez

Este postre resulta también delicioso con cualquier otra fruta, como manzanas, peras, chabacanos y fresas.

1 Mezcle en un cazo el agua y el azúcar, y cocine a fuego medio, revolviendo constantemente hasta disolver el azúcar. Agregue el brandy y deje hervir hasta que la mezcla tome color caramelo. Retire del fuego, sumerja las mitades de higo en el caramelo (sosteniéndolas con pinzas o un tenedor) y luego en agua fría, para endurecerlo.

2 Sabayón: Ponga las yemas y el azúcar en un recipiente para baño María y bata 5-10 minutos a fuego medio hasta obtener punto de listón. Añada el vino Marsala o el jerez y revuelva. Sirva las higos acaramelados con cucharadas de sabayón.

4 porciones

*Clafouti de ciruelas,
Higos con sabayón,
Crepas con salsa de frutilla (pág. 74)*

POLVORÓN DE MANZANA Y BAYAS

Temperatura de horno
180°C, 350°F, Gas 4

¹/₄ de taza (60 gramos) de azúcar
¹/₂ taza (125 mililitros) de agua
4 manzanas para cocinar, peladas,
descorazonadas y en rebanadas
440 gramos de arándanos de lata, escurridos

CUBIERTA DE POLVORÓN

1 ³/₄ taza (250 gramos) de galletas "Marías",
machacadas
50 gramos de mantequilla sin sal, suavizada
4 cucharadas de almendras molidas
2 cucharadas de azúcar moscabado
¹/₂ cucharadita de canela en polvo
1 yema de huevo
1 ¹/₂ cucharada de crema espesa

Usamos arándanos para hacer este delicioso polvorón con fruta, pero tal vez usted lo prefiera con zarzamoras, frambuesas o fresas. Este postre es delicioso si lo sirve con yogur natural o de sabor a fruta.

1 Compota: Ponga el azúcar y el agua en un cazo al fuego y cocine, revolviendo, hasta disolver el azúcar. Deje hervir; luego añada las manzanas y cocínelas 8-10 minutos a fuego bajo, o hasta que se ablanden. Retire del fuego y deje enfriar.

2 Escurra las manzanas, y combínelas con los arándanos y vierta la fruta en un molde refractario engrasado.

3 Cubierta: Revuelva bien en un tazón la galleta molida con la mantequilla, las almendras, el azúcar, la canela, la yema y la crema. Esparza esta especie de polvorón sobre la fruta y hornee 20-25 minutos o hasta que el polvorón dore.

6 porciones

"EMPEDRADO" CON DURAZNOS Y ZARZAMORAS

Temperatura de horno
180°C, 350°F, Gas 4

800 gramos de duraznos rebanados, escurridos
(de lata)
100 gramos de zarzamoras de lata, escurridas
4 cucharaditas de fécula de maíz, disueltas en
¹/₄ de taza (60 mililitros) de agua
1-2 cucharadas de azúcar morena

PASTA EMPEDRADO

³/₄ de taza (90 gramos) de harina
¹/₂ cucharadita de polvo para hornear
2 cucharadas de azúcar
100 gramos de mantequilla
1 huevo, batido ligeramente
2 cucharaditas de leche

Como en la mayoría de los postres frutales, también en éste se pueden emplear otras frutas. Pruebe las siguientes combinaciones: chabacanos y manzanas; peras y arándanos; o manzanas y zarzamoras.

1 Pasta: cierna la harina con el polvo para hornear. Añádale el azúcar y luego la mantequilla, revolviéndola con la punta de dos dedos. Haga un hueco en el centro vierta la leche batida con el huevo y mezcle hasta tener una pasta suave.

2 Acomode la zarzamora y las rebanadas de duraznos en un refractario engrasado. Vierta encima la fécula de maíz disuelta, y alrededor ponga cucharadas de la pasta para empedrado. Rocíe con el azúcar morena y hornee 30-35 minutos o hasta que las "piedras" doren.

6 porciones

*Polvorón de manzana y bayas,
"Empedrado" con duraznos y zarzamoras*

CREPAS DE AVELLANA CON NARANJA

³/₄ de taza (90 gramos) de harina
90 g de avellanas, molidas
1 huevo, batido ligeramente
2 cucharaditas de aceite vegetal
2 ¹/₄ tazas (310 mililitros) de leche

ADORNO DE NARANJA Y LIMA
1 lima o limón ácido
¹/₂ taza (125 gramos) de azúcar
¹/₄ de taza (60 mililitros) de vino con jengibre
2 naranjas (los gajos limpios de pepitas y pellejo)

1   Cierna la harina en un platón redondo, añádale las avellanas molidas y revuelva. Haga un hueco en el centro y agregue el huevo, el aceite y la leche, mezclando bien hasta tener una pasta lisa y semilíquida. Tape y deje reposar 30 minutos.

2   Adorno: con el pelador de verduras pele el limón o la lima (lavados), corte parte de la cáscara en tiritas muy finas y déjelas aparte.

Exprima el jugo de la lima o limón y viértalo en una cacerolita junto con el azúcar y el vino con jengibre. Cocine a fuego medio, revolviendo hasta que el azúcar se disuelva y la mezcla hierva. Baje la flama y cocine 4 minutos más. Retire del fuego y añádale las tiritas de cáscara y los gajos de naranja. Deje enfriar un poco.

3   Crepas: Vierta 2-3 cucharadas de la pasta en una sartén gruesa bien caliente y enmantequillada. Baje la flama y voltee la crepa cuando dore de un lado; deje dorar del otro. Consérvelas calientes conforme las haga, hasta terminar con la pasta (8 crepas, aproximadamente).

4   Doble cada crepa en triángulo. Sirva enseguida, 2 en cada plato y adórnelas con el jarabe de lima-limón, tiritas y gajos.

4 porciones

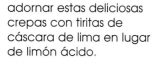

Tal vez usted prefiera adornar estas deliciosas crepas con tiritas de cáscara de lima en lugar de limón ácido.

CIRUELAS Y POLVORÓN

Temperatura de horno
180°C, 350°F, Gas 4

1 kilo de ciruelas pasa, deshuesadas y remojadas desde la víspera en 1 litro (4 tazas) de agua
1 cucharadita de ralladura fina de cáscara de naranja

COBERTURA DE POLVORÓN
¹/₂ taza (60 gramos) de harina
1 cucharadita de especias mixtas molidas
60 gramos de mantequilla, en trocitos
¹/₃ de taza (60 gramos) de azúcar morena
90 gramos de avellanas picadas

1   Cobertura: Ponga en un tazón la harina y las especias, y revuélvales la mantequilla con la punta de los dedos hasta tener una mezcla arenosa. Agregue el azúcar y las avellanas y revuelva otra vez.

2   Escurra las ciruelas y aparte ³/₄ de taza (180 mililitros) del agua del remojo. Mezcle la ralladura de naranja con las ciruelas y el agua del remojo que apartó. Vierta todo en un molde refractario y engrasado. Esparza encima la cobertura de polvorón y hornee 30-35 minutos o hasta que esté dorada.

6 porciones

Si desea un postre familiar realmente extraordinario, acompañe con crema batida o con yogur.

Ciruelas y polvorón,
Crepas de avellana con naranja

Crepas con Salsa de Frutilla

1 ½ taza (185 gramos) de harina
1 ½ cucharadita de polvo para hornear
⅓ de (80 gramos) de azúcar
2 cucharaditas de ralladura fina
de cáscara de limón
2 claras y 2 yemas de huevo
1 ½ taza (375 mililitros) de leche
30 gramos de mantequilla derretida
155 gramos de pasas sin semilla,
o ciruelas pasa deshuesadas y picadas

SALSA DE FRUTILLA

¾ de taza (180 mililitros) de agua
¼ de taza (80 mililitros) de jarabe de maíz
1 cucharada de jugo de limón
4 cucharaditas de arrurrúz (o fécula de maíz)
disueltas en ¼ de taza (60 mililitros) de agua
90 gramos de frutillas, limpias y en cuartos

Los panqueques
pueden prepararse con
anticipación, apilarse entre
separadores y congelarse
dentro de un recipiente
hermético por 2-3 meses.
Para detalles sobre cómo
recalentarlos vea la nota
de la página 32.

1   Pasta: Ponga en un tazón la harina cernida con el polvo para hornear, el azúcar, la ralladura de limón, las yemas, la leche y la mantequilla, y bata unos segundos. Bata las claras a punto de nieve y mézclelas suavemente con la pasta. Añada las pasas o ciruelas picadas. Cueza cucharadas de esta pasta en una plancha o sartén gruesa, enmantequillada y bien caliente. Deje 2-3 minutos de cada lado o hasta que la crepa dore. Póngalas aparte y manténgalas calientes a medida que las haga.

2   Salsa: ponga en un cacito el agua, el jarabe de maíz, el jugo de limón, el arrurrúz o fécula de maíz disuelta. Cocine a fuego medio, 4-5 minutos o hasta que la salsa hierva y espese. Agréguele las frutillas y revuelva. Sirva las crepas enseguida, bañadas con cucharadas de salsa.

4 porciones

Tarta de Chabacano

Temperatura de horno
200°C, 400°F, Gas 6

½ cantidad de pasta quebrada dulce
(ver receta en página 21)

RELLENO DE CHABACANO

1 ¼ kilo de mitades de chabacano (de lata),
escurridas y en rebanadas
¼ de taza (45 gramas) de azúcar morena
½ cucharadita de nuez moscada molida
½ cucharadita de canela en polvo

Aproveche los sobrantes de
masa para cortar formas
decorativas y adorne con
ellas las tapas de los
pasteles.

1   Relleno: en un recipiente mezcle el chabacano, el azúcar, la nuez moscada y canela.

2   Vacíe el relleno en un molde engrasado de 23 centímetros de diámetro. Extienda la pasta con el rodillo, dejándola de 3 milímetros de espesor; en el centro de la pasta haga 4 cortes en cruz, de 10 centímetros de largo cada uno, que se crucen en el centro. Cubra el relleno con la pasta y recorte la orilla, dejándola medio centímetro más ancha que la del molde. Doble hacia fuera las puntas resultantes de los cortes y haga un borde ondulado alrededor usando sus dedos.

3   Hornee la tarta 20-30 minutos o hasta que esté cocida y se empiece adorar.

6 porciones

TARTA DE CEREZA

1 receta de pasta quebrada dulce
(ver receta en página 21)

RELLENO DE CEREZA

1 kilo de cerezas negras deshuesadas (de lata)
2 cucharadas de azúcar morena
4 cucharaditas de harina
1 cucharadita de especias mixtas molidas

1 Relleno: Escurra las cerezas sobre papel absorbente; póngalas en un tazón, junto con el azúcar, la harina y las especias mixtas y revuelva bien.

2 Con el rodillo extienda $^2/_3$ de la pasta, dejándola de 3 milímetros de espesor, y forre con ella un molde engrasado de 23 centímetros de diámetro. Vacíe el relleno en la pasta y emparéjelo. Extienda la pasta restante y córtela en tiras de 2 centímetros de ancho. Retuerza ligeramente cada tira y forme con ellas una rejilla encima del relleno. Unte agua con clara de huevo alrededor de la tarta para "pegar" bien las tiras.

3 Hornee 20 minutos, luego reduzca la temperatura a 160°C y hornee 35-40 minutos más o hasta que la tarta esté cocida y dorada.

6 porciones

Temperatura de horno
220°C, 425°F, Gas 7

Si lo prefiere, en lugar de terminar el pastel con un enrejado, recorte hojas de masa y dispóngalas en forma escalonada sobre la superficie. No es necesario cubrir por completo; sólo asegúrese de que el diseño resulte simétrico.

TARTA DE MANZANA

1 $^1/_2$ vez la receta de pasta quebrada dulce
(ver receta en página 21)

RELLENO DE MANZANA

850 gramos de puré de manzana
$^1/_4$ de taza (60 gramos) de azúcar
$^1/_2$ cucharadita de clavo molido
$^1/_2$ cucharadita de anís molido

1 Relleno: Mezcle en un recipiente las especias (clavo y anís), el puré de manzana y el azúcar.

2 Con el rodillo extienda $^2/_3$ de la pasta, dejándola de 3 milímetros de espesor, y forre con ella un molde engrasado de 23 centímetros de diámetro. Vacíe el relleno en la pasta.

3 Extienda la pasta restante y córtela con un cortador en forma de manzana (o con tijeras). Úntele un poco de agua y la pasta y "pegue" las manzanas recortadas entre los huecos. Coloque la "tapa" de pasta sobre el relleno, empareje la orilla y dóblela debajo del forro de pasta anterior. Pellizque la orilla para dar una buena terminación.

4 Hornee la tarta 20 minutos; luego, baje la temperatura del horno a 160°C y hornee 35-40 minutos más o hasta que la pasta esté bien cocida y dorada.

6 porciones

Temperatura de horno
220°C, 425°F, Gas 7

Un dulce final

Trufas de chocolate y castaña

100 gramos de chocolate oscuro, derretido

RELLENO DE CASTAÑA

$^{1}/_{4}$ de taza (60 mililitros) de crema espesa
315 gramos de chocolate oscuro, finamente
quebrado
30 gramos de mantequilla
2 cucharadas de brandy
$^{1}/_{2}$ taza (220 gramos) de puré
de castañas (de lata)

1 Unte con el chocolate derretido el interior
de 36 moldes metálicos plisados (para trufas)
y déjelo cuajar.

2 Relleno: Ponga la crema en un cacito a
fuego bajo. Cuando esté a punto de hervir,
retire del fuego, añádale el chocolate y la
mantequilla y bata hasta obtener una mezcla
lisa. Agregue el brandy, bata y luego revuelva
con el puré de castañas.

3 Pase la mezcla anterior a un tazón, tape
con plástico y refrigere 2-3 horas.

4 Llene una bolsa para duya con la mezcla
de crema, chocolate y mantequilla. Póngale
una duya acanalada y forme "remolinos" del
relleno en los 36 moldes. Refrigere 1 hora o
hasta que solidifique. Guarde las trufas hasta
2 semanas, en una caja hermética y dentro
del refrigerador.

Rinde 36 unidades

*Florentinas (pág. 78), Moñitos
de canela, Trufas de chocolate
y castañas, Profiteroles con licor
(pág. 78)*

MOÑITOS DE CANELA

250 gramos de queso crema
250 gramos de mantequilla sin sal
1 taza (125 gramos) de harina
¼ taza (60 gramos) de azúcar
2 cucharaditas de canela en polvo
azúcar glass, cernida

1 Corte en trozos el queso crema y la mantequilla y déjelos a la temperatura ambiente 10 minutos. Procese rápidamente la harina, el azúcar y la canela para mezclarlas. En un tazón de la batidora bata el queso crema con la mantequilla y añádale la mezcla de harina; saque la pasta del tazón y amásela unos segundos sobre una mesa enharinada; envuélvala en plástico y refrigere cuando menos 1 hora.

2 Extienda la pasta con el rodillo, dejándola de 3 milímetros de espesor; con el cortador en zigzag de galletas, corte la pasta en tiras de 20 centímetros de largo por 1 de ancho. Forme un moñito con cada tira y póngalos sobre una bandeja forrada con papel de estraza. Tape y refrigere 15 minutos. Hornee 5 minutos, luego baje la temperatura del horno a 150 °C y hornee 10-15 minutos más o hasta que la pasta esponje y dore. Pase los moños a una rejilla para que enfríen completamente. Guárdelos en recipientes con tapa hermética justo antes de servir con glass.

Rinde 50 unidades

Temperatura de horno
190°C, 375°F, Gas 5

PROFITEROLES CON LICOR

Temperatura de horno
250°C, 500°F, Gas 9

²/₃ de taza (160 mililitros) de agua
45 gramos de mantequilla, en trocitos
¹/₂ taza (60 gramos) de harina, cernida
2 huevos

RELLENO DE CREMA PASTELERA

2 tazas (500 mililitros) de leche
5 yemas de huevo
¹/₂ taza (125 gramos) de azúcar
2 cucharadas de harina, cernida
4 cucharaditas de fécula de maíz, cernida
1 cucharadita de café instantáneo disuelto en
1 cucharadita de agua tibia
1 cucharada de licor de café

Si desea variar el sabor del relleno, reemplace el café disuelto y el licor de café por 1 cucharadita de cáscara de naranja finamente rallada y 2 cucharadas de licor de naranjas. Para lograr una terminación atractiva, decore los profiteroles con chocolate derretido, como se ve en la foto de la página anterior.

1 Ponga en un cazo de peltre el agua y la mantequilla, a fuego bajo. En cuanto el agua empiece a hervir, revuélvale rápida y vigorosamente la harina con una cuchara de madera; siga batiendo a fuego bajo 2 minutos más o hasta que la pasta esté lisa y se despegue del cazo. Retire del fuego y deje enfriar ligeramente. Añádale uno por uno los huevos, batiendo muy bien entre cada adición y hasta que la pasta esté ligera y brillante.

Ponga esta pasta dentro de una bolsa con duya rizada y forme las "choux" sobre una bandeja húmeda y forrada con papel de estraza. Hornee 8 minutos. Y luego entreabra la puerta del horno, sosteniéndola con el mango de una cuchara de madera; cueza la pasta 10 minutos más o hasta que esté dorada y crujiente. Retire del horno; con un cuchillo filoso haga un corte en la base de cada "choux". Baje la temperatura del horno a 120 °C y hornee nuevamente los panecillos 5 minutos o hasta que sequen en el centro. Enfríe sobre rejilla de alambre.

2 Crema pastelera: Ponga la leche en un cazo al fuego, y cuando esté a punto de hervir, retírela y deje enfriar 10 minutos. Bata en un tazón las yemas y el azúcar a punto de listón, añádales batiendo la harina y la fécula de maíz y luego, muy poco a poco, la leche caliente. Pase esta mezcla a un cazo limpio y deje hervir a fuego medio, revolviéndola constantemente con cuchara de madera, hasta que espese. Incorpore el café disuelto y el licor de café y bata para unir. Tape con plástico y deje enfriar.

3 Coloque la crema pastelera en una bolsa con duya plana y rellene los profiteroles.

Rinde 30 unidades

FLORENTINAS

Temperatura de horno
180°C, 350°F, Gas 4

45 gramos de mantequilla
2 cucharadas de miel
¹/₄ de taza (45 gramos) de azúcar morena
¹/₄ de taza (30 gramos) de harina, cernida con
¹/₄ de cucharadita de jengibre molido
45 gramos de almendras fileteadas
30 gramos de cerezas confitadas, picadas
1 cucharada de cáscara de limón o naranja
confitada, picada finamente
100 gramos de chocolate oscuro, derretido

Para darles una terminación profesional, cuando el chocolate de la base esté casi cuajado, marque líneas onduladas con el tenedor.

1 Ponga al fuego en un cazo la mantequilla, la miel y el azúcar, y en cuanto empiece a

hervir retire de la estufa y deje enfriar unos 5 minutos. Revuelva bien la mezcla de harina, almendras; y cerezas con la mezcla de mantequilla tibia. Vierta cucharadas de esta pasta, separadas 8 centímetros unas de otras, sobre una bandeja forrada con papel de estraza. Hornee 12-15 minutos o hasta que las florentinas estén doradas y crujientes: déjelas 2 minutos en la bandeja, antes de levantarlas cuidadosamente con una espátula para que se enfríen en una rejilla.

2 Unte la parte inferior de cada florentina con el chocolate derretido.

Rinde 50 unidades

Decoración
de postres

CHOCOLATE

Rizos y virutas de chocolate: Se hacen "pelando" una tableta de chocolate con un pelador de verduras; si el chocolate está bien frío, usted obtendrá virutas; si está a la temperatura ambiente, obtendrá rizos.

Varitas de chocolate: Parecidas a rajas de canela, se logran vaciando chocolate derretido, en una capa delgada, sobre una superficie de granito, mármol o cerámica. Deje cuajar el chocolate y luego, con un cuchillo de hoja ancha (colocado en ángulo de 45°) empuje poco a poco para despegar el chocolate de la mesa y formar las varitas. Si en lugar de varitas se forman virutas, significa que el chocolate está demasiado frío y será mejor empezar nuevamente.

Hojas de chocolate: escoja hojas que no scan tóxicas, pero que estén frescas y con venas realzadas (como las del rosal). Corte las que tengan el pecíolo más largo; lávelas y séquelas muy bien. Con una brocha unte el chocolate derretido, por el lado revés de la hoja, y deje secar a la temperatura ambiente. Después de 20-30 minutos, despegue poco a poco la hoja natural. Emplee una hoja para adornar un postre individual o prepare una cantidad y adorne con ellas un pastel o un postre grande.

Adornos con la duya: Son fáciles y rápidos de hacer; haga un dibujo sencillo en una hoja de papel. En una mesa. Sujete con cinta adhesiva transparente la parte superior de una hoja de papel encerado e introduzca su dibujo debajo de este papel, para "ver" el dibujo. Vierta chocolate derretido en una bolsa de plástico, papel o tela; ajústele la duya de punta fina y siga el contorno del diseño por medio del chorrito continuo de chocolate. Deje secar completamente y luego, con mucho cuidado, levante la decoración

con una espátula. Si no va a decorar enseguida el pastel o postre, guárdela en una caja muy bien cerrada, colocada en lugar fresco y seco.

FRUTAS ESCARCHADAS

Fresas, cerezas, pequeños racimos de uvas o zarzamoras escarchados, son un adorno bellísimo para las postres y pasteles fríos.

Para escarchar: enjuague la fruta y escúrrala bien sobre papel absorbente. Separe los racimos pequeños o escoja la fruta, y quíteles las hojas o los tallos de más. En un tazón bata ligeramente una clara de huevo y sumerja la fruta por todos lados. Sáquela y déjela a un lado para que escurra un poco;

luego rocíele azúcar y póngala unas 2 horas en una rejilla de alambre, para que seque. La fruta se verá y sabrá mejor si la consume el mismo día que la escarcha, pero se puede conservar durante 12 horas en un recipiente muy bien cerrado.

Empleando este mismo método, también puede usted cristalizar rosas miniatura, violetas, jazmines y hojas de menta o hierbabuena.

IDEAS PARA DECORAR RÁPIDAMENTE

Almendras fileteadas, nueces picadas (como pistaches, nuez encarcelada, nuez de Castilla o de la India) o chocolate picado o rallado; todo resulta bueno cuando se trata de adornar los lados de panes y pasteles: únteles una buena capa de mantequilla y luego oprima ese mismo lado sobre el ingrediente que haya elegido entre los mencionados.

Pruebe las siguientes sugerencias para adornar:

- grajea (chochitos diminutos)
- jalea caliente y colada
- frutas cristalizadas y secas
- azúcar glass cernida
- violetas azucaradas
- chocolate en polvo cernido
- barquillos o soletas
- mitades de fresa, mojadas en chocolate derretido
- coco rallado

BETÚN CON DISEÑO DE PLUMA

Esta técnica será más efectiva si usa usted betún: para hacer el betún, ponga en un tazón 200 gramos de azúcar glass previamente cernida, y bátala con $^1/_3$ o $^1/_2$ taza (80-125 mililitros) de agua caliente hasta tener un betún untable; añádale $^1/_4$ de cucharadita de extracto de vainilla y revuelva bien. Este betún debe usarse inmediatamente. Antes de embetunar el pastel, aparte en una taza 2 cucharadas del betún y tíñalo con unas gotas de color vegetal (a su gusto). Acomode el pastel en una rejilla metálica y viértale o úntele el betún sin color. Luego ponga el betún teñido en una bolsa (de papel, plástico o tela) con duya de punta fina y dibuje líneas delgadas y rectas en la superficie del pastel. Ahora tome una brocheta o palillo grueso y córralo atravesando las líneas, primero hacia abajo y después a unos 2 centímetros de distancia, en otro surco hacia arriba para formar el motivo de pluma. Esta técnica sirve para pasteles de todas las formas. Para un diseño de telaraña sobre un pastel redondo, empiece desde el centro formando las líneas de color (betún teñido) en espiral. Después, empezando otra vez desde el centro, divida el pastel en 8 porciones corriendo la brocheta hacia la orilla. Finalmente, divida el pastel otra vez en 8, corriendo la brocheta en dirección contraria entre las líneas anteriores.

ÍNDICE

GLOSARIO

Acremar: *alcanzar un punto cremoso*

Azúcar glass: *azúcar impalpable, azúcar en polvo*

Azúcar moscabado: *azúcar sin refinar*

Bandeja para horno: *placa, charola para horno*

Bayas: *frutas del bosque*

Betún: *glasé*

Bolsa con duya: *manga con boquilla, manga con pico, bolsa con punta*

Brandy: *coñac*

Cazo: *cacerola*

Chabacanos: *damascos, albaricoques*

Chispas de chocolate: *chips de chocolate*

Cocoa: *cacao*

Congelador: *frigorífico, freezer*

Cortador: *cortante, cortapastas*

Costra de pasta: *corteza o concha de pasta, base de masa*

Crepas: *crêpes, panqueques*

Cuajada: *ricota, queso fresco, requesón, jocoque*

Dulce caramelo: *dulce de cajeta, dulce de leche*

Estufa: *cocina*

Extender (la pasta): *estirar (la masa)*

Extracto de vainilla: *esencia de vainilla*

Fécula de maíz: *almidón de maíz, maicena*

Fresas: *frutillas*

Galletas: *bizcochos*

Garapiña: *praliné, garrapiñada*

Hueso (de frutas): *carozo*

Jarabe: *almíbar*

Manta de cielo: *gasa*

Mantequilla: *manteca*

Maracuyá: *pasionaria, fruta de la pasión*

Molde con fondo removible: *molde desmontable*

Molde plisado: *molde acanalado*

Molde refractario: *molde térmico*

Nectarinas: *pelones*

Olla exprés: *olla a presión*

Panqueques: *pancakes, tortas de sartén, crepas*

Papel encerado: *papel manteca*

Pasta: *masa*

Pastel: *torta*

Piña: *ananá*

Plástico: *film*

Plátano: *banana, banano*

Procesador de alimentos: *procesadora*

Punto bola suave: *punto bolita blanda*

Punto de listón: *punto letra, punto cinta*

Punto de turrón: *punto nieve firme*

Punto hebra: *punto hilo*

Quemador: *hornalla*

Refrigerador: *heladera, nevera*

Rodillo: *palote*

Tartaleta: *tarteleta*